RENATA GEBRIM
99655675

R$ 12,00

355

À Teoria pela Prática

DIREITO ADMINISTRATIVO
EM EXERCÍCIOS
Questões de Concursos Comentadas

À Teoria pela Prática

Arthur Batista Tavares

DIREITO ADMINISTRATIVO
EM EXERCÍCIOS
Questões de Concursos Comentadas

Mais de **150 QUESTÕES** *resolvidas e gabaritadas*

ALUMNUS

2012

Tavares, Arthur Batista.

Direito Administrativo em Exercícios / Arthur Batista Tavares. - Brasília : Alumnus, 2012.

208 p. ; 22,8 cm.

ISBN 978-85-65295-21-5

1. Direito. 2. Direito Administrativo. 3. Questões. I. Título.

CDU 340

Diretoria Editorial: Engels Rego e Antonio Geraldo Pinto M. Junior

Gerência Editorial: Mariana Carvalho

Editoria e Produção Editorial: Maria Neves

Projeto Gráfico, Editoração Eletrônica e Revisão: M&B Serviços Editoriais

Capa: (Projeto gráfico, criação e ilustração): MSD: Manu Design Estratégico

www.alumnus.leya.com.br

Este livro é dedicado aos meus alunos, em especial os da Turma Platinum, *cujos questionamentos e ponderações em sala ajudaram a construir o presente trabalho, e aos alunos dos cursos onde leciono em caráter voluntário e assistencial, os quais demonstram não haver obstáculos insuperáveis.*

Devo especial gratidão aos professores Antonio Geraldo e João Trindade, bem como à coordenadora Taís Lira. Seu incentivo e apoio foram fundamentais para que eu desse novos e decisivos passos na jornada como professor.

Sumário

Prefácio

Ao contrário do que às vezes se pensa, a vida de professor em cursos preparatórios para concursos é árdua. Com o nível dos certames cada vez mais elevado, é preciso que o docente consiga aliar duas características que raramente se conciliam: o aprofundamento de conteúdo e a clareza didática. Essa união é tão rara que os bons professores são disputados pelos cursos e alunos, pois só quem já se deparou com a extenuante missão de se preparar para um concurso público sabe a diferença que um professor *realmente* preparado pode fazer.

O professor Arthur Tavares integra esse seleto grupo. Dedicado, inteligente, perspicaz, bem-humorado, estudioso e atualizado, encantou todas as turmas que tiveram o prazer e o privilégio de tê-lo como orientador.

Lembro-me, ainda, da primeira vez em que lhe atribuímos uma turma de Direito Constitucional. Arthur já contava com larga experiência: ministrara aulas em outros cursos, organizara monitorias etc. Mas aquela era a primeira vez que assumiria realmente, em nome próprio, uma turma no prestigiado Instituto IMP, em Brasília-DF.

E era logo uma *fogueira*: concurso com edital publicado, banca relativamente desconhecida, turma de nível superior, um *mar* de 200 alunos ávidos por ensinamentos. Confesso que, não obstante conhecesse a competência do professor Arthur, eu e os outros coordenadores ficamos um pouco apreensivos. Afinal, conquistar uma turma também exige carisma, jogo de cintura. Um dos diretores chegou a me perguntar: "Você acha que ele consegue"? Respondi, convicto: "Sim". Apesar disso, ainda ficava uma pontinha de receio.

O resultado não poderia ser melhor. Os alunos simplesmente adoraram a aula. E, melhor, ainda: perguntaram por que o professor Arthur não assumira outras turmas antes!

Aquele foi, simultaneamente, um fim e um começo. O coroamento de uma trajetória de estudos, preparação, dedicação. O nascedouro do que seria, e é, uma carreira de sucesso como um dos melhores – se não o melhor – professor de Direito Constitucional da nova geração de Brasília.

Agora, Arthur Tavares, que já realizou trabalhos de relevo jurídico e impacto nacional como articulista, doutrinador e assessor jurídico de Subprocurador-Geral da República, brinda-nos com um livro extraordinariamente útil: questões comentadas de Direito Administrativo.

Afirmar que a obra é formada por comentários a questões de provas é reduzir-lhe o verdadeiro conteúdo. Trata-se, em verdade, de um autêntico curso de Direito Administrativo em exercícios. Com questões criteriosamente selecionadas de concursos públicos recentes, o livro serve tanto para o aluno que deseja rever conceitos do Direito Administrativo e/ou aprofundar temas, para entender como resolver provas de concursos, como, também, para os novatos na matéria.

Os comentários são ricos, recheados da melhor doutrina e da jurisprudência mais recente, o que me dá a certeza de que o livro foi feito com o cuidado e atenção característicos do professor Arthur. Dá-me ainda a impressão de que auxiliará milhares de concursandos numa jornada vitoriosa.

Você, leitor, tem nas mãos um livro excepcional. Aproveite-o ao máximo. Nem todos terão, como você, a chance de estudar por um material de tão elevada qualidade. Parabéns pela aquisição!

João Trindade Cavalcante Filho
Especialista em Direito Constitucional pelo Instituto Brasiliense de Direito Público. Consultor Legislativo do Senado Federal. Membro do Instituto Brasileiro de Direito Constitucional (IBDC) e do Instituto Brasileiro de Ciências Criminais (IBCCrim). Professor de Direito Constitucional em cursos de Graduação, Pós-Graduação e preparatórios para concursos.

Apresentação

Minhas primeiras - e, até aqui, mais longas - experiências como professor na preparação para concursos públicos foram com o Direito Administrativo, mas, alguns meses antes da ideia de elaborar a presente obra, eu aceitara o convite para lecionar Direito Constitucional. Por razões óbvias, conquanto ainda estivesse com turmas de Administrativo em andamento, passei a dedicar maior carga de estudos e pesquisas ao outro ramo.

Essa influência do Direito Constitucional - acredito - poderá ser sentida pelo leitor. Todavia, ao contrário de representar um problema, rendeu uma interessante integração de conteúdos que deve permitir uma melhor compreensão dos institutos do Direito Administrativo em consonância com as disposições e princípios constitucionais que os definem e orientam.

A despeito da presença de discreto criticismo, a intenção declarada da obra é de ajudar o estudante a se aproximar dos temas mais cobrados em concursos públicos. Não há qualquer pretensão de esgotar a matéria ou mesmo de produzir quaisquer inovações quanto ao que vem afirmando a melhor doutrina e tem sido mais aceito pelas bancas examinadoras. Isso não significa que os comentários às questões sejam rasos. Longe disso, buscamos dar aprofundamento suficiente para que o leitor pudesse entender o conteúdo e não apenas responder às questões.

Foi a frequência de cobrança e importância para provas de concursos que orientou a escolha dos temas incluídos no trabalho e que determinou que outros, menos comuns, não fossem tratados em capítulo próprio. Nessa linha, assuntos como *Conceito, objeto e fontes do Direito Administrativo*, bem como *Controle da Administração Pública* acabaram por não merecer capítulo em separado, mas foram - ainda que timidamente - contemplados ao longo do texto.

Quanto a outros, como *Desapropriação* e *Bens públicos*, a opção pela não inclusão decorreu do fato de não serem usualmente cobrados nos concursos para cargos com os quais tenho trabalhado em sala de aula.

Improbidade, Licitações e Contratos administrativos e *Estatuto dos Servidores Públicos Federais*, com previsões em conhecidas leis bastante cobradas em concursos, merecem, a meu ver, estudo em separado e sua discussão fugia ao escopo desse trabalho.

Delimitadas as pretensões, acredito que foram alcançadas com êxito. O empenho e o esforço que tiveram como resultado as páginas a seguir me fazem crer que elas poderão ser muito úteis em sua preparação para concursos.

Desejo sucesso!

QUESTÕES COMENTADAS

CAPÍTULO 1

Princípios da Administração Pública

1. **(Cespe/MP-PI/Analista Administrativo/2012)** A supremacia do interesse público é o que legitima a atividade do administrador público. Assim, um ato de interesse público, mesmo que não seja condizente com a lei, pode ser considerado válido pelo princípio maior da supremacia do interesse público.

Comentários

De fato, a supremacia do interesse é legitimadora da atuação do administrador. Quando se verifica o próprio contexto histórico do nascimento do Direito Administrativo - que remonta à época das revoluções liberais, particularmente a Revolução Francesa - observa-se que se trata de um ramo do Direito que é desenhado com a finalidade de limitar a atuação estatal.

Em um Estado de Direito, as leis limitam a atuação do Estado e dos indivíduos que ocupam cargos de exercício do Poder estatal. Em uma República, forma de governo adotada pelo Brasil, o governante não atua (ou não deve atuar) em nome próprio, mas em nome da coletividade. Entende-se que a tal atuação em prol da coletividade deve receber tratamento especial, o que gera a chamada supremacia do interesse público.

Correta, portanto, a questão em sua primeira parte.

Contudo, não se pode afirmar que o ato de interesse público, mesmo que contrário à lei será considerado válido. Como dissemos, a atuação do legislador é limitada pela lei. Tem lugar, então, o princípio da legalidade, que é, segundo Celso Antônio Bandeira de Mello (2008, p. 100), o princípio basilar do regime jurídico administrativo. É justamente a incidência do princípio que torna a assertiva errada, já que a busca pelo interesse público não permite ao administrador que ignore o comando legal. Explica o referido autor que o princípio da legalidade é

> em suma, a consagração da ideia de que a Administração Pública só pode ser exercida na conformidade da lei (MELLO, 2008, p. 100).

Na verdade, não há falar em realização de interesse público que seja contrário à lei, já que é dela que se colhe a sua dimensão. Recorremos novamente às lições do professor Bandeira de Mello (2008, p. 97):

> O princípio cogitado (supremacia do interesse público) evidentemente, tem, de direito, apenas a extensão e compostura que a ordem jurídica lhe houver atribuído na Constituição e nas leis com ela consonantes. Donde, jamais caberia invocá-lo abstratamente, com prescindência do perfil constitucional que lhe haja sido irrogado, e, como é óbvio, muito menos caberia recorrer a ele contra a Constituição ou as leis. Juridicamente, sua dimensão, intensidade e tônica são fornecidas pelo Direito posto, e só por este ângulo é que pode ser considerado e invocado.

Errada, portanto, a questão no ponto em que afirma que um ato não condizente com a lei pode ser considerado válido em razão da incidência do princípio da supremacia do interesse público.

---

2. **(Cespe/MP-PI/Analista Administrativo/2012)** Os bens e interesses públicos não pertencem à Administração, nem a seus agentes, pois visam beneficiar a própria coletividade.

C

Comentários

O administrador não age, em nome próprio, mas em nome e em prol da coletividade. Daí dizer-se que nem a Administração, muitos menos os seus agentes, são titulares dos bens e interesses públicos. Ao contrário, tais bens e interesses pertencem à coletividade e são apenas geridos pelo administrador.

A Administração, como ente abstrato e sem existência física que é, age por meio de seus agentes. No entanto, o agente público não se torna proprietário da coisa que gere. Ao contrário, torna sujeito de obrigações perante a sociedade a quem o Estado deve oferecer as mais diversas prestações. Assim, em última análise, os bens e interesses públicos, justamente porque visam beneficiar a coletividade, a esta pertencem.

Essas noções introdutórias são de suma importância para a compreensão dos princípios aplicáveis à Administração, que serão estudados nas próximas questões.

---

3. **(FGV/TRE-PA/Técnico Judiciário/Área Administrativa/2011)** De acordo com a Constituição Federal de 1988, a Administração Pública obedecerá aos seguintes princípios:

a) legalidade, impessoalidade, moralidade, publicidade e eficiência.
b) legalidade, impessoalidade, moralidade, probidade e externalidade.
c) legitimidade, impessoalidade, moralidade, probidade e externalidade.
d) razoabilidade, proporcionalidade, improbidade e personalismo.
e) discricionariedade, ponderação, isenção e separação de Poderes.

Comentários

A Constituição prevê expressamente no art. 37 princípios a que se submete a Administração Pública. Vejamos:

> Art. 37. A Administração Pública direta e indireta de qualquer dos Poderes da União, dos Estados, do Distrito Federal e dos Municípios obedecerá aos princípios de legalidade, impessoalidade, moralidade, publicidade e eficiência e, também, ao seguinte: (...).

Tem-se aí, em uma aproximação inicial, a relação de princípios a que se submete a Administração Pública: legalidade, impessoalidade, moralidade, publicidade e eficiência. Daí porque está correta a alternativa **a**.

Falamos aqui em *uma aproximação inicial* porque, como veremos nas próximas questões, esses não são os únicos princípios a que se submete a Administração Pública. Na verdade, princípios mencionados nos outros itens são também princípios da Administração, mas como a questão requer uma resposta *segundo a Constituição*, a letra **a** é, de fato, a resposta.

4. **(Iades/PG/DF/Analista Jurídico/Direito e Legislação/2011)** Segundo a doutrina majoritária e decisão hodierna do STF, o rol de princípios previstos no art. 37, *caput*, do texto constitucional é taxativo, ou seja, a Administração Pública, em razão da legalidade e taxatividade, não poderá nortear-se por outros princípios que não os previamente estabelecidos no referido dispositivo.

Comentários

Ao contrário do que dispõe a assertiva, nem a doutrina nem a jurisprudência do STF alinham-se no sentido de que o rol de princípios previstos no art. 37 da Constituição Federal é taxativo. Um e outro são enfáticos em afirmar que o referido rol é apenas exemplificativo. Desse modo, a Administração deve submeter-se a outros princípios que se extraem implicitamente da Constituição, bem como a princípios definidos pela legislação infraconstitucional.

A respeito, a lição do professor Bandeira de Mello (2008, p. 95):

> O art. 37, *caput*, reportou de modo expresso à Administração Pública (direta e indireta) apenas cinco princípios: da legalidade, da impessoalidade, da moralidade, da publicidade, e da eficiência (este último acrescentado pela Emenda Constitucional nº 19/1998). Fácil é ver-se, entretanto, que inúmeros outros merecem igualmente consagração constitucional: uns, por constarem expressamente da Lei Maior, conquanto não mencionados no art. 37, *caput*; outros, por nele estarem abrigados logicamente, isto é, como consequências irrefragáveis dos aludidos princípios; outros, finalmente, por serem implicações evidentes do próprio Estado de Direito e, pois, do sistema constitucional como um todo.

Incorreta, portanto, a assertiva.

É interessante observar que a doutrina é tranquila em afirmar que os cinco princípios do art. 37 da CF são os princípios expressos. Contudo, já foram cobrados em prova de concurso outros princípios que também podem ser considerados expressos. Tal afirmativa está correta, tendo em vista o disposto no art. 2º da Lei nº 9.784/1999, a qual prevê que

> A Administração Pública obedecerá, dentre outros, aos princípios da legalidade, finalidade, motivação, razoabilidade, proporcionalidade, moralidade, ampla defesa, contraditório, segurança jurídica, interesse público e eficiência.

---

5. **(FCC/TCE-AP/Analista de Controle Externo/Orçamento e Finanças/2012)** De acordo com a Constituição Federal, os princípios da Administração Pública aplicam-se

a) às entidades integrantes da Administração direta e indireta de qualquer dos Poderes.

b) à Administração direta, autárquica e fundacional, exclusivamente.

c) às entidades da Administração direta e indireta, exceto às sociedades de economia mista exploradoras de atividade econômica.

d) à Administração direta, integralmente, e à indireta de todos os Poderes e às entidades privadas que recebem recursos públicos, parcialmente.
e) à Administração direta, exclusivamente, sujeitando- se as entidades da Administração indireta ao controle externo exercido pelo Tribunal de Contas.

Comentários

Essa questão remete ao art. 37 da Constituição Federal, o qual dispõe que

> A Administração Pública direta e indireta de qualquer dos Poderes da União, dos Estados, do Distrito Federal e dos Municípios obedecerá aos princípios (...).

Vê-se, então, que o dispositivo constitucional refere os princípios lá tratados tanto à Administração direta quanto à Administração indireta e de qualquer dos Poderes dos entes da Federação: União, Estado, Distrito Federal e Municípios. Revela-se, então, a incorreção das demais alternativas que pretendem afastar do dever de respeito aos tais princípios entidades da Administração indireta.

A respeito da alternativa **e**, vale ressaltar que, embora esteja errada por pretender excluir a Administração indireta da obediência aos princípios, é correta ao afirmar que as entidades personalizadas sujeitam-se ao controle exercido pelo Tribunal de Contas da União, porquanto está entre as competências desse órgão julgar as contas dos administradores e demais responsáveis por dinheiros, bens e valores públicos da Administração direta e indireta, incluídas as fundações e sociedades instituídas e mantidas pelo Poder Público federal, e as contas daqueles que derem causa a perda, extravio ou outra irregularidade de que resulte prejuízo ao erário público (art. 71, II, CF).

6. **(Consulplan/TSE/Técnico Judiciário/Área Administrativa/2012)** A gestão pública em toda a sua atividade está presa aos mandamentos da lei, deles não podendo se afastar, sob pena de invalidade de seus atos e responsabilização de seus eventuais autores. A determinação corresponde ao disposto
pelo princípio da
a) legalidade.
b) moralidade.
c) igualdade.
d) publicidade.

Comentários

O comando da questão trata do princípio da legalidade, que é de grande relevância para a compreensão do Direito Administrativo, consistindo em uma das maiores conquistas do Estado Democrático de Direito.

Como ensina Lucas Rocha Furtado (2012, p. 83), a doutrina tem admitido a existência de dois aspectos do princípio da legalidade no Direito Administrativo (ou mesmo de dois princípios, para utilizar a mesma terminologia empregada pelo autor).[1] O primeiro deles é o que prevê o art. 5º, II, da Constituição:

> ninguém é obrigado a fazer ou deixar de fazer alguma coisa senão em virtude de lei.

Tem aí a legalidade privada. O particular só pode ser obrigado a fazer algo se a lei assim o determinar.

A segunda versão do princípio da legalidade seria aquela prevista no art. 37 da CF. Esta, voltada à Administração. Aqui, temos a chamada legalidade administrativa – também chamada de legalidade restrita ou legalidade estrita – que é a que mais nos interessa no estudo do Direito Administrativo.

Assim, para Hely Lopes Meirelles (2010, p. 89),

> a legalidade, como princípio da Administração, significa que o administrador público está, em toda a sua atividade funcional, sujeito aos mandamentos da lei e às exigências do bem comum, e deles não pode se afastar ou desvirar, sob pena de praticar ao inválido.

Surge, então, a conhecida máxima segundo a qual ao particular é permitido fazer tudo o que a lei não proíba, ao passo que a Administração somente pode fazer o que a lei determina.

No mesmo sentido é o pensamento de Maria Sylvia Zanella Di Pietro (2010, p. 64), para quem o princípio em tela significa que a Administração somente pode fazer aquilo que a lei permite, ressaltando, ainda, que é na discussão sobre

---

[1] Convém destacar que, embora admitindo que tal posição – existência de dois princípios da legalidade – seja aceita pela maioria da doutrina, Furtado não segue o entendimento. Para ele, ao invés de existirem dois princípios da legalidade, há, em verdade, manifestações distintas de um único preceito, sendo o comando do art. 5º, II, voltado tanto para os particulares quanto para a Administração, de modo que, havendo a competência genérica para o desenvolvimento de atividade pela Administração, não seria necessária a aprovação de lei que tratasse especificamente de cada ato ou atividade a ser desenvolvida, salvo se deles pudesse decorrer a imposição ao particular de fazer ou deixar de fazer algo.
O posicionamento é bastante interessante. Contudo, expusemos no comentário da questão a forma como o tema vem sendo cobrado em provas de concursos.

o princípio da legalidade que melhor se enquadra a ideia de que, nas relações administrativas, a vontade da Administração é a que decorre da lei.

O princípio da moralidade, por outro lado, refere-se à necessidade de que o administrador observe em sua conduta, não apenas a lei, mas também preceitos éticos, apresentando conduta honesta.

O princípio da publicidade é o que impõe a divulgação dos atos realizados pela Administração como forma de dar conhecimento e permitir o seu controle pela sociedade.

Já o princípio da igualdade não é normalmente incluído pela doutrina entre os princípios da Administração, mas referir-se-ia à necessidade de tratamento igual entre os administrados, sem que façam distinções discriminatórias ilegítimas, o que tem aproximação conceitual com o princípio da impessoalidade.

7. **(FCC/TC-AL/Procurador/2008)** O regime jurídico administrativo possui peculiaridades, dentre as quais podem ser destacados alguns princípios fundamentais que o tipificam. Em relação a estes, pode-se afirmar que o princípio da legalidade estrita significa que a Administração Pública deve observar o conteúdo das normas impostas exclusivamente por meio de leis formais.

Comentários

Diz-se que a lei é a fonte primordial do Direito Administrativo. No entanto, a expressão *lei*, nesse contexto, deve ser entendida em um sentido mais amplo, não se referindo exclusivamente à chamada lei em sentido formal (aquela produzida regularmente por uma Casa Legislativa).

Assim, a necessidade de observância da lei, imposta pelo princípio da legalidade, significa também o respeito ao conteúdo de normas jurídicas administrativas, que podem ser entendidas como disposições legais em sentido amplo, pois não são necessariamente produzidas pelo parlamento e, sim, pela própria Administração, no intuito de regulamentar ou detalhar o quanto já veiculado pelas leis em sentido estrito.

Em semelhante sentido, Diógenes Gasparini (2011, p. 62) entende que o princípio impõe a exigência de "lei ou outro ato equivalente, como é a medida provisória, para os comportamentos estatais".

Vê-se, então, que não apenas a lei em sentido formal é prescritiva de comportamentos à Administração, mas outros de caráter normativo também estão abrangidos pelas imposições do princípio da legalidade.

8. **(FCC/TJ-RJ/Analista Judiciário/2012)** O princípio da legalidade, quando dirigido à Administração Pública, expressa-se, entre outras hipóteses, na

a) concessão de benefícios a servidores valendo-se como fundamento exclusivamente a analogia.

b) restrição à esfera de direitos dos administrados, exceto quando se tratar de poder discricionário, que dispensa previsão legal.

c) obrigação de respeitar integralmente os direitos individuais dos administrados, sendo-lhe vedada a imposição de qualquer restrição ou limitação.

d) limitação da esfera de atuação da Administração Pública para imposição de restrição aos direitos dos administrados.

e) permissão para a Administração Pública praticar todos os atos que a lei não proíba.

Comentários

Tendo em conta a exposição feita nas questões anteriores sobre o princípio da legalidade, não podemos admitir como correta a alternativa **a**, porquanto a analogia não pode servir de fundamento exclusivo à atuação administrativa. Ao contrário, é da lei que se colhe a vontade da Administração e o que ela pode ou não fazer.

Quanto à alternativa **b**, o princípio da legalidade apresenta-se como uma restrição à atividade administrativa, não como uma restrição à esfera de direitos dos administrados. É, antes, para esses, uma garantia. Daí porque correta a alternativa **d**.

O princípio em estudo justamente limita a atividade da Administração, de modo que eventuais restrições aos direitos dos administrados devem buscar amparo em lei. Além disso, o poder discricionário não dispensa previsão legal.

Conforme estudaremos em capítulo apropriado, *discricionariedade* não se confunde com *arbitrariedade* e é justamente a lei – seja por dicção expressa, seja pela utilização de conceitos jurídicos imprecisos – que faz nascer a discricionariedade para o administrador.

A existência do princípio da legalidade não significa a impossibilidade de se impor restrições aos direitos dos administrados – mesmo os fundamentais. Na verdade, não é raro que a atividade administrativa consista justamente na restrição de direitos e atividades (característica do poder de polícia). Contudo, em face do princípio da legalidade observado sob a ótica privada – legalidade genérica – tais restrições devem ter amparo legal. Incorreta, portanto, a alternativa **c**.

Por fim, a alternativa **e** está incorreta porque veicula a noção referente ao princípio da legalidade genérica, associado à autonomia da vontade que, como vimos em questões anteriores, não se aplica à Administração, mas aos particulares.

9. **(FCC/TRT 23ª Região/Técnico Judiciário/Área Administrativa/2011)** O jurista Celso Antônio Bandeira de Mello apresenta o seguinte conceito para um dos princípios básicos da Administração Pública: De acordo com ele, a Administração e seus agentes têm de atuar na conformidade de princípios éticos. (...) Compreendem-se em seu âmbito, como é evidente, os chamados princípios da lealdade e boa-fé. Trata-se do princípio da
   a) motivação.
   b) eficiência.
   c) legalidade.
   d) razoabilidade.
   e) moralidade.

Comentários

Discorrendo a respeito do princípio da moralidade, diz o professor Bandeira de Mello (2008, p. 119-120):

> (...), a Administração e seus agentes têm de atuar na conformidade de princípios éticos. Violá-los implicaria violação ao próprio Direito, configurando ilicitude que assujeita a conduta viciada a invalidação, porquanto tal princípio assumiu contornos de pauta jurídica, na conformidade do art. 37 da Constituição. Compreendem-se em seu âmbito, como é evidente, os chamados princípios da lealdade e da boa-fé, tão oportunamente encarecidos pelo mestre espanhol Jesús Gonzáles em monografia preciosa. Segundo os cânones da lealdade e da boa-fé, a Administração haverá de proceder em relação aos administrados com sinceridade e lhaneza, sendo-lhe interdito qualquer comportamento astucioso, eivado de malícia, produzido de maneira a confundir, dificultar ou minimizar o exercício de direitos por parte dos cidadãos.

Vê-se, então, que o professor discorria a respeito do princípio da moralidade, razão pela qual a alternativa **e** é a resposta correta.

Ainda sobre o princípio da moralidade, pode-se dizer, em outras palavras, que a legalidade dos atos administrativos está ligada à sua moralidade. Para que seja reconhecida a compatibilidade de determinado ato administrativo com o ordenamento jurídico, não basta respeito à letra fria da lei; deve também respeitar preceitos éticos, de honestidade.

Daí porque já advertia Hely Lopes Meirelles (2010, p. 90) que

> o ato administrativo não terá que obedecer somente à lei jurídica, mas também à lei ética da própria instituição, porque nem tudo que é legal é honesto.

O princípio da motivação consiste na obrigação de que os atos administrativos sejam devidamente motivados, como forma de verificar-se a congruência entre os fundamentos de fato e de direito ensejadores da prática do ato e a própria realização deste.

O princípio da eficiência, inserido textualmente na Constituição Federal por meio da Emenda Constitucional nº 19/1998 refere-se à necessidade de que o agente público realize seus deveres com presteza, perfeição e rendimento funcional, de modo que se alcance satisfatório atendimento das necessidades da comunidade.

O princípio da legalidade, vimos nas páginas anteriores, tem pertinência com a limitação da atuação da Administração, que somente faz aquilo que a lei determina. Já o princípio da razoabilidade apresenta-se como mecanismo de controle da discricionariedade administrativa, exigindo que haja uma adequação entre os meios utilizados pelo administrador na sua atividade e os fins que pretende atingir.

---

10. **(Cespe/MP-PI/Analista Administrativo/2012)** O princípio da moralidade pretende tutelar o descontentamento da sociedade em razão da deficiente prestação de serviços públicos e de inúmeros prejuízos causados aos usuários.

Comentários

O princípio da moralidade, como observado na questão anterior, tem pertinência com a observância de critérios morais – não apenas legais – na conduta do administrador, impondo-lhe que observe preceitos de ética, probidade e boa-fé na sua atuação.

A questão trata, em verdade, do princípio da eficiência, que, a propósito, veio denominado como *qualidade do serviço prestado* no projeto da Emenda à

Constituição nº 19/1998. Sobre o tema, José dos Santos Carvalho Filho (2009, p. 28) ressalta que não é difícil perceber que a inserção desse princípio revela o descontentamento da sociedade diante de sua antiga importância para lutar contra a deficiente prestação de tantos serviços públicos, que incontáveis prejuízos causou aos usuários.

Assim, a questão está incorreta porque associa ao princípio da moralidade características que são, em verdade, do princípio da eficiência.

---

11. (Iades/PG-DF/Analista Jurídico - Direito e Legislação/2011) O STF reiteradamente tem proclamado o dever de submissão da Administração Pública ao princípio da moralidade. Como exemplo, cita-se o julgado em que o Pretório Excelso entendeu pela vedação ao nepotismo na Administração, não se exigindo edição de lei formal a esse respeito, por decorrer diretamente de princípios constitucionais estabelecidos, sobretudo o da moralidade da Administração.

Comentários

Não há uma lei federal que preveja proibição expressa à prática do nepotismo - nomeação de parentes para cargos em comissão - na Administração Pública Federal[2].

Em 2008, o STF deparou com o problema de saber se essa lacuna permitia a conclusão de que a prática fosse, então, autorizada pelo ordenamento. A resposta da Corte foi negativa. O STF afirmou expressamente que, mesmo ante a inexistência de lei, o nepotismo é vedado, porquanto a proibição pode ser extraída diretamente dos princípios constitucionais, principalmente do princípio da moralidade, insculpido no art. 37 da Constituição.

Correta, portanto, a questão. Veja-se a ementa do julgado mencionado:

> EMENTA: ADMINISTRAÇÃO PÚBLICA. VEDAÇÃO. NEPOTISMO. NECESSIDADE DE LEI FORMAL. INEXIGIBILIDADE. PROIBIÇÃO QUE DECORRE DO ART. 37, *CAPUT*, DA CF. RE PROVIDO EM PARTE.
> I – Embora restrita ao âmbito do Judiciário, a Resolução nº 7/2005 do Conselho Nacional da Justiça, a prática do nepotismo nos demais Poderes é ilícita.

[2] Vale ressaltar que, mesmo em 2008, já existia uma resolução do CNJ – Resolução nº 7/2005 – que vedava a prática, mas sua aplicação é restrita ao âmbito do Poder Judiciário. Mesmo ante a inexistência de lei, essa resolução foi considerada constitucional pelo STF, no julgamento da ADI nº 3.617/1917-DF.

> II – A vedação do nepotismo não exige a edição de lei formal para coibir a prática.
> III – Proibição que decorre diretamente dos princípios contidos no art. 37, *caput*, da Constituição Federal.
> IV – Precedentes.
> V – RE conhecido e parcialmente provido para anular a nomeação do servidor, aparentado com agente político, ocupante, de cargo em comissão.
> (RE nº 579.951, Relator: Min. Ricardo Lewandowski, Tribunal Pleno, julgado em 20/8/2008, Repercussão Geral – Mérito Dje-202, divulg. 23/10/2008, public. 24/10/2008, Ement. Vol. 2.338-10, p. 1.876).

Consagrado o entendimento de que não é necessária a edição de lei formal para a vedação à prática do nepotismo, editou-se a Súmula Vinculante de nº 13, a qual dispõe:

> A nomeação de cônjuge, companheiro ou parente em linha reta, colateral ou por afinidade, até o terceiro grau, inclusive, da autoridade nomeante ou de servidor da mesma pessoa jurídica investido em cargo de direção, chefia ou assessoramento, para o exercício de cargo em comissão ou de confiança ou, ainda, de função gratificada na Administração Pública direta e indireta em qualquer dos Poderes da União, dos Estados, do Distrito Federal e dos Municípios, compreendido o ajuste mediante designações recíprocas, viola a Constituição Federal.

---

12. (Cespe/TRE-ES/Técnico Judiciário/Área Administrativa/2011) Contraria o princípio da moralidade o servidor público que nomeie o seu sobrinho para um cargo em comissão subordinado.

Comentários

A contrariedade ao princípio da moralidade é evidenciada justamente pelas disposições da Súmula Vinculante nº 13, que prevê que a nomeação de cônjuge, companheiro ou parente até o terceiro grau para o exercício de cargo em comissão é violadora da Constituição.

Como o sobrinho é um parente de terceiro grau, ele é alcançado pela proibição.

Importante ressaltar, todavia, que o próprio STF apresenta construção jurisprudencial no sentido de que a vedação imposta pela súmula vinculante em questão não alcança cargos políticos. Veja-se, por todos, o seguinte precedente:

> AGRAVO REGIMENTAL EM MEDIDA CAUTELAR EM RECLAMAÇÃO. NOMEAÇÃO DE IRMÃO DE GOVERNADOR DE ESTADO. CARGO DE SECRETÁRIO DE ESTADO. NEPOTISMO. SÚMULA VINCULANTE Nº 13. INAPLICABILIDADE AO CASO. CARGO DE NATUREZA POLÍTICA. AGENTE POLÍTICO. ENTENDIMENTO FIRMADO NO JULGAMENTO DO RECURSO EXTRAORDINÁRIO Nº 579.951/RN. OCORRÊNCIA DA FUMAÇA DO BOM DIREITO.
>
> 1. Impossibilidade de submissão do reclamante, Secretário Estadual de Transporte, agente político, às hipóteses expressamente elencadas na Súmula Vinculante nº 13, por se tratar de cargo de natureza política.
>
> 2. Existência de precedente do Plenário do Tribunal: RE nº 579.951/RN, Relator Ministro Ricardo Lewandowski, DJE 12/9/2008.
>
> 3. Ocorrência da fumaça do bom Direito.
>
> 4. Ausência de sentido em relação às alegações externadas pelo agravante quanto à conduta do prolator da decisão ora agravada.
>
> 5. Existência de equívoco lamentável, ante a impossibilidade lógica de uma decisão devidamente assinada por Ministro desta Casa ter sido enviada, por fac-símile, ao advogado do reclamante, em data anterior à sua própria assinatura.
>
> 6. Agravo regimental improvido.
>
> (Rcl nº 6.650 – MC-AgR, Relator: Min. Ellen Gracie, Tribunal Pleno, julgado em 16/10/2008, DJe-222, divulg. 20/11/2008, public. 21/11/2008, Ement. Vol. 2.342-02, p. 277, RTJ, Vol. 208-02, p. 491).

---

13. (Cespe/Abin/Agente Técnico de Inteligência/TI/2010) O princípio da impessoalidade decorre, em última análise, do princípio da isonomia e da supremacia do interesse público, não podendo, por exemplo, a Administração Pública conceder privilégios injustificados em concursos públicos e licitações nem utilizar publicidade oficial para veicular promoção pessoal.

Comentários

O princípio da impessoalidade traduz-se na ideia de que a Administração tem que tratar todos os administrados sem discriminações, de modo que favoritismos ou perseguições não são toleráveis e sentimentos pessoais não podem interferir na conduta do administrador. Nessa linha, é possível afirmar que ele decorre dos princípios da isonomia e da supremacia do interesse público. "O princípio em causa não é senão o próprio da isonomia", diz Bandeira de Mello (2008, p. 114), já que impõe igualdade de tratamento.

Por outro lado, reconhece-se a pertinência com o princípio da supremacia do interesse público sobre o privado quando se observa que o administrador não deve deixar que seus próprios interesses sobreponham-se às determinações legais. É a finalidade pública que deve nortear o comportamento do administrador.

A questão, portanto, está correta.

14. (Ceperj/Procon-RJ/Advogado/2012) A Administração Pública atua mediante a aplicação de princípios, dos quais alguns têm fundamento constitucional expresso. Se escolhe a empresa W diretamente para prestar serviços quando deveria proceder à licitação pública, o prefeito do Município Y está violando o princípio da:

a) publicidade.
b) eficiência.
c) impessoalidade.
d) autotutela.
e) continuidade.

Comentários

O art. 3º da Lei de Licitações (Lei nº 8.666/1993) dispõe que a licitação tem a finalidade de realizar o princípio da isonomia – permitindo que qualquer interessado (que atenda aos requisitos) dela participe – e ainda buscar a proposta mais vantajosa para a Administração.

Vimos anteriormente que o princípio da isonomia tem total pertinência com o princípio da impessoalidade. Além do mais, o comando da questão evidencia que, se o prefeito seleciona diretamente uma empresa, ele o estará fazendo obedecendo a critérios pessoais e deixando de deferir a oportunidade de participação a outros interessados. Viola, portanto, o princípio da impessoalidade.

É até possível argumentar que viola também o princípio da eficiência, uma vez que, furtando-se ao procedimento licitatório, pode estar deixando de selecionar a proposta mais vantajosa, mas não restam dúvidas de que a violação ao princípio da impessoalidade é mais direta e inquestionável, no caso da questão.

Autotutela, publicidade e continuidade têm pouca relação com a situação narrada.

15. **(FCC/TRE-PR/Analista Judiciário/Enfermagem/2012)** A eficiência, na lição de Hely Lopes Meirelles é um dever que se impõe a todo agente público de realizar suas atribuições com presteza, perfeição e rendimento funcional. É o mais moderno princípio da função administrativa, que já não se contenta em ser desempenhada apenas com legalidade, exigindo resultados positivos para o serviço público e satisfatório atendimento das necessidades da comunidade e de seus membros. Infere-se que o princípio da eficiência (*Direito Administrativo Brasileiro.* São Paulo, Malheiros, 2003, p. 102).

a) passou a se sobrepor aos demais princípios que regem a Administração Pública, após ter sua previsão inserida em nível constitucional.
b) deve ser aplicado apenas quanto ao modo de atuação do agente público, não podendo incidir quando se trata de organizar e estruturar a Administração Pública.
c) deve nortear a atuação da Administração Pública e a organização de sua estrutura, somando-se aos demais princípios impostos àquela e não se sobrepondo aos mesmos, especialmente ao da legalidade.
d) autoriza a atuação da Administração Pública dissonante de previsão legal quando for possível comprovar que assim serão alcançados melhores resultados na prestação do serviço público.
e) traduz valor material absoluto, de modo que alcançou *status* jurídico supraconstitucional, autorizando a preterição dos demais princípios que norteiam a Administração Pública, a fim de alcançar os melhores resultados.

Comentários

O princípio da eficiência, que comumente aparece em provas de concursos relacionado às expressões utilizadas por Hely Lopes Meirelles (2010, p. 98) – *perfeição, presteza* e *rendimento funcional* – já era cogitado entre os autores do Direito Administrativo mesmo antes de sua conclusão expressa no texto constitucional, o que se deu com a Emenda Constitucional nº 19/1998.

A opção pela inserção do princípio no texto constitucional revela o descontentamento da sociedade diante de sua antiga impotência para lutar contra a deficiente prestação de tantos serviços públicos (CARVALHO FILHO, 2009, p. 28).

No entanto, não se pode concluir que tal princípio seja de hierarquia superior à dos demais princípios expressos da Administração. Isso até por imposição do princípio hermenêutico-constitucional da unidade, que traz como consequência a existência de um único nível hierárquico, igual para todas as normas constitucionais, inclusive as meramente formais. Daí porque incorretas as alternativas **a** e **e**.

De outra parte, a busca pela eficiência não deve redundar no desrespeito à lei, mesmo que isso eventualmente fosse trazer melhores resultados econômicos para a Administração. Há limites à eficiência e o principal deles é justamente a legalidade.

> O limite insuperável nessa busca de soluções eficientes, eficazes e efetivas é a lei. Dentre as opções de atuação previstas em lei, deve o administrador encontrar aquele que melhor satisfaça referidos parâmetros de economicidade (FURTADO, 2012, p. 98).

Nessa linha, incorreta a alternativa **d**.

A alternativa **b** está incorreta porque o princípio em tela apresenta dois aspectos: refere-se tanto ao modo de atuação do agente como à organização e à estruturação da Administração, sempre com vistas a alcançar os melhores resultados.

Resta-nos, então, a alternativa **c**, cuja correção já foi demonstrada. O princípio da eficiência relaciona-se à organização da Administração e à atuação do agente, mas não se sobrepõe aos demais princípios de índole constitucional, devendo ser aplicado em conjunto de modo harmônico com eles.

Na lição da professora Di Pietro (2010, p. 84), a eficiência é princípio que se soma aos demais princípios impostos à Administração, não podem sobrepor-se a nenhum deles, especialmente ao da legalidade.

---

16. **(Cespe/STM/Analista Judiciário/Área Administrativa/2011)** Uma das manifestações do princípio da eficiência está nas rotinas de controle de resultados a que se submete o Poder Executivo.

Comentários

Para que a eficiência seja efetivamente realizada no âmbito da Administração (e não seja apenas um preceito normativo desprovido de consequências práticas para a Administração e para o administrador), é necessário que haja controle quanto aos resultados alcançados na Administração.

Daí porque a própria Emenda Constitucional nº 19/1998, que elevou o princípio da eficiência a nível constitucional, incluiu também a possibilidade de o servidor estável perder o cargo mediante avaliação periódica de desempenho a ser regulamentado em lei complementar.

Se o princípio da eficiência impõe a busca por melhores resultados, sem dúvida o controle de tais resultados é um dos aspectos do princípio.

17. **(FCC/TJ-RJ/Comissário da Infância e da Juventude/2012)** O princípio da supremacia do interesse público

a) informa toda a atuação da Administração Pública e se sobrepõe a todos os demais princípios e a todo e qualquer interesse individual.

b) está presente na elaboração da lei e no exercício da função administrativa, esta que sempre deve visar ao interesse público.

c) informa toda a atuação da Administração Pública, recomendando, ainda que excepcionalmente, o descumprimento de norma legal, desde que se comprove que o interesse público restará melhor atendido.

d) traduz-se no poder da Administração Pública de se sobrepor discricionariamente sobre os interesses individuais, dispensando a adoção de formalidades legalmente previstas.

e) está presente na atuação da Administração Pública e se consubstancia na presunção de veracidade dos atos praticados pelo Poder Público.

Comentários

Está correta a alternativa **b**, uma vez que o princípio da supremacia do interesse público realmente está presente tanto na elaboração da lei quanto na atuação administrativa, devendo esta sempre visar ao interesse público. Di Pietro (2010, p. 64) destaca que da mesma forma que esse princípio inspira o legislador ao editar as normas de direito público, também vincula a Administração Pública, ao aplicar a lei, no exercício da função administrativa.

O erro da alternativa **a** consiste em que não é possível afirmar que o princípio se sobrepõe a todos os demais. O mesmo se diz em relação aos interesses, já que há hipóteses em que o interesse público dará lugar ao interesse privado.

Quanto à alternativa **c**, o princípio da supremacia do interesse público não pode recomendar o descumprimento da lei. Lucas Rocha Furtado (2012, p. 73) explica que é da própria legislação que se colhe o que venha a ser o interesse público.

Vale a transcrição:

> O conceito de interesse público não é meramente jurídico. Não é possível admitir a existência de interesses públicos previamente definidos fora da ordem jurídica, que pressupõe a observância dos direitos fundamentais, fonte de inspiração para a elaboração de inúmeras regras e princípios constitucionais. O interesse público será concretizado por meio do processo de elaboração do Direito Positivo. Cabe à Constituição Federal, como principal fonte do Direito Administrativo e à lei identificarem o que é o interesse público, definir como se deve proceder para dar a ele executoriedade e quem possui legitimidade para, em seu nome, exercer alguma prerrogativa.

Nessa mesma linha, também incorreta a alternativa **d**.

A alternativa **e** está incorreta porque o princípio da supremacia do interesse público não se consubstancia nem se confunde com a presunção de veracidade dos atos do Poder Público.

> A presunção de veracidade dos atos administrativos é apenas um dos aspectos dessa supremacia ou uma das prerrogativas decorrentes dessa supremacia, que é o motivo da desigualdade jurídica entre o Estado e o particular. (MEIRELLES, 2010, p. 106).

---

18. (Cespe/MP-PI/Analista Administrativo/2012) O ato administrativo com vício de legalidade somente pode ser invalidado por decisão judicial.

Comentários

O chamado princípio da autotela legitima que a própria Administração, além de anular, possa também revogar seus próprios atos. Esse entendimento já tinha sido cristalizado pelo STF com a edição da Súmula nº 473, editada em 1969:

> Súmula nº 473. A Administração pode anular seus próprios atos, quando eivados de vícios que os tornam ilegais, porque deles não se originam direitos; ou revogá-los, por motivo de conveniência ou oportunidade, respeitados os direitos adquiridos, e ressalvada, em todos os casos, a apreciação judicial.

A doutrina afirmava havia muito tempo que a expressão *pode*, contida na súmula deveria ser interpretada como *deve*, no sentido de que cabia à Administração a obrigação de anular os atos ilegais. Esse posicionamento doutrinário acabou consagrado pelo legislador, quando, na elaboração da Lei nº 9.784/1999, o entendimento constante da súmula foi contemplado na lei com uma alteração redacional. O seu art. 53 dispõe que:

> A Administração deve anular seus próprios atos, quando eivados de vício de legalidade, e pode revogá-los por motivo de conveniência ou oportunidade, respeitados os direitos adquiridos.

Assim, a assertiva está errada, já que a própria Administração pode anular seus atos.

19. (FCC/TRE-RN/Analista Judiciário/Área Administrativa/2011) O princípio segundo o qual a Administração Pública direta fiscaliza as atividades dos entes da Administração indireta denomina-se

a) finalidade.
b) controle.
c) autotutela.
d) supremacia do interesse público.
e) legalidade.

Comentários

Trata-se do princípio da tutela – também chamado de princípio do controle. Quando o Estado cria entes personalizados da Administração, não nasce entre o ente estatal criador (Administração direta) e a pessoa jurídica criada (Administração indireta) uma relação hierarquizada. Nesse sentido, não há, por exemplo, hierarquia entre o Ministério da Previdência Social e o Instituto Nacional da Seguridade Social (INSS), que é autarquia vinculada àqueles.

Há entre a Administração direta e a indireta a possibilidade de fiscalização, de controle finalístico das atividades desta.

A respeito, discorre o professor José dos Santos Carvalho Filho (2009, p. 442):

> Dizer-se que órgão ou entidade estão sujeitos a controle significa constatar que só podem eles atuar dentro de determinados parâmetros, ou seja, nunca podem agir com liberdade integral.

Diante disso, pode afirmar-se que toda pessoa integrante da Administração indireta é sujeita a controle pela Administração direta da pessoa jurídica a que é vinculada. E nem poderia ser de outra maneira. Se é a pessoa política que enseja a criação daquelas entidades, é lógico que tenha que se reservar o poder de controlá-las. Por esse motivo é que tais entidades figuram como se fossem satélites das pessoas da Federação.

O princípio da tutela (ou controle), aqui tratado, não deve ser confundido com o princípio da autotutela, que autoriza a Administração a anular ou revogar seus próprios atos.

20. (FGV/Sefaz-RJ/Analista de Controle Interno/2011) Em processos administrativos, a exigência de adequação entre meios e fins, vedando-se a imposição de obrigações, restrições e sanções em medida superior àquelas estritamente necessárias ao atendimento do interesse público, é decorrência da aplicação do princípio do(a)

a) contraditório.

b) eficiência.

c) proporcionalidade.

d) motivação.

e) segurança jurídica.

Comentários

O princípio da proporcionalidade impõe que se busque a adequada correlação entre meios e fins utilizados. Segundo esse princípio, a Administração deve avaliar as circunstâncias do caso concreto para escolher o posicionamento que adotará.

A proporcionalidade é, então, um mecanismo para conter o uso das prerrogativas administrativas, de modo que elas sejam empregadas na medida necessária, sem excessos.

José dos Santos Carvalho Filho (2009, p. 38) explica que

> o grande fundamento do princípio da proporcionalidade é o excesso de poder, e o fim a que se destina é exatamente o de conter atos, decisões e condutas e agentes públicos que ultrapassem os limites adequados.

---

21. (Consulplan/TSE/Técnico Judiciário/Área Administrativa/2012) Marque a alternativa que contém os fundamentos ou subprincípios do princípio da proporcionalidade.

a) adequação, razoabilidade e racionalidade.
b) adequação, exigibilidade e proporcionalidade em sentido estrito.
c) razoabilidade, necessidade e boa-fé.
d) regularidade, exigibilidade e proporcionalidade em sentido estrito.

Comentários

A doutrina constitucionalista dá mais ênfase à questão dos aspectos do princípio da proporcionalidade do que a doutrina do Direito Administrativo. De qualquer forma, são eles a adequação, a exigibilidade e a proporcionalidade em sentido estrito, conforme já reconhecido pela jurisprudência do Supremo Tribunal Federal.

É mais fácil perceber a diferença entre os três aspectos observando o tema das restrições a direitos fundamentais. A adequação consiste no questionamento sobre ser a restrição adequada (compatível) para se alcançar o fim pretendido.

A exigibilidade refere-se a saber se as medidas adotadas são as menos gravosas possível para que obtenha a finalidade buscada, devendo evitar meios mais invasivos se houver outros que, de forma menos restritiva dos direitos fundamentais, também permitam o resultado perseguido.

Por fim, a proporcionalidade em sentido estrito configura-se um critério matemático para verificar a compatibilidade entre a atividade a ser restringida e a resposta ofertada pela Administração. Esse último aspecto impede, por exemplo, que seja aplicada a um servidor público a pena de suspensão por 90 dias quando as circunstâncias do caso concreto indicam que apenas 20 ou 30 dias configurariam reprovação suficiente à falta cometida pelo servidor.

22. (FCC/TRT 23ª Região/Juiz/2011) O princípio da razoabilidade, conquanto não esteja consagrado expressamente na legislação federal que rege a atuação da Administração como princípio a ser observado na conduta da Administração Pública, revela-se importante instrumento para o controle jurisdicional da discricionariedade administrativa.

Comentários

O princípio da razoabilidade consiste em mecanismo que permite o controle - inclusive judicial - de legitimidade dos atos administrativos e, principalmente, da discricionariedade administrativa. Assim como o princípio da proporcionalidade,[3] também é associado à adequação entre meios e fins nos atos administrativos.

No entanto, embora o princípio da razoabilidade não tenha previsão constitucional expressa, não é correto afirmar que ele não esteja consagrado expressamente na legislação federal. Isso porque a Lei nº 9.784/1999 prevê expressamente a aplicação deste e de vários outros princípios à Administração Pública. Confira-se:

> Art. 2º A Administração Pública obedecerá, dentre outros, aos princípios da legalidade, finalidade, motivação, razoabilidade, proporcionalidade, moralidade, ampla defesa, contraditório, segurança jurídica, interesse público e eficiência.

Assim, a assertiva está errada.

23. (Cespe/STM/Analista Judiciário/Área Administrativa/2011) O princípio da razoabilidade refere-se à obrigatoriedade da Administração Pública em divulgar a fundamentação de suas decisões por meio de procedimento específico.

[3] A propósito, boa parte da doutrina entende que os dois princípios – razoabilidade e proporcionalidade – são, na verdade, sinônimos. Há ainda quem considere que o segundo é uma faceta do primeiro.

Comentários

É o princípio da motivação que trata da obrigatoriedade de que a Administração Pública divulgue a fundamentação de suas decisões. A motivação escrita dos atos pela Administração apresenta-se como mecanismo de controle sobre a legitimidade das decisões tomadas pelo administrador.

O princípio da razoabilidade, por outro lado, como explica o professor Alexandre Mazza (2010, p. 106)

> impõe a obrigação de os agentes públicos realizarem suas funções com equilíbrio, coerência, e bom senso. Não basta atender à finalidade pública predefinida pela lei, importa também saber como o fim público deve ser atingido.

Não há previsão expressa do princípio da razoabilidade – assim como do princípio da proporcionalidade – no texto constitucional, mas ele vem ganhando cada vez mais relevância no âmbito do Direito Administrativo.

24. (FCC/TJ-RJ/Analista Judiciário/2012) O contraditório e a ampla defesa são garantias conferidas aos administrados em processos

a) judiciais e administrativos, desde que disciplinares.
b) judiciais, em qualquer fase, e administrativos, exceto no que se refere à apresentação de recurso, vedada na esfera administrativa.
c) judiciais, expressamente, e em processos administrativos, apesar de não haver expressa previsão constitucional.
d) administrativos, desde que não tenham sido instaurados por provocação dos interessados, hipótese em que toda a prova das alegações deve vir juntada ao requerimento inicial.
e) administrativos que possam ensejar restrição a direito dos interessados.

Comentários

A solução dessa questão passa inicialmente pela disposição constitucional do art. 5º, LV, o qual dispõe que "aos litigantes, em processo judicial ou administrativo, e aos acusados em geral são assegurados o contraditório e ampla defesa, com os meios e recursos a ela inerentes".

Hely Lopes Meirelles (2010, p. 104), com base nas lições de Ada Pellegrini Grinover, destaca que, ao utilizar a expressão *aos litigantes*, o texto magno acaba por indicar o fenômeno da processualidade administrativa.

Nessa linha, não há uma limitação das garantias ao contraditório e à ampla defesa somente aos processos administrativos em que haja acusados (processos administrativos punitivos). Ao contrário, tais garantias fazem-se presentes nos processos administrativos em geral, ainda que não haja acusados, mas simplesmente litigantes.

Percebem-se, então, os erros das alternativas **a**, **b**, **c** e **d**: não há necessidade de que o processo seja disciplinar para que se faça presente o direito ao contraditório e à ampla defesa; a apresentação de recursos também é possível em esfera administrativa; há, como visto na transcrição, previsão constitucional expressa da aplicabilidade de tais garantias aos processos administrativos; não há a necessidade de que o processo tenha sido instaurado pelo próprio interessado para a incidência dos princípios em tela.

A alternativa **e**, por outro lado, alinha-se à jurisprudência dominante no sentido de que são devidos o contraditório e a ampla defesa sempre que os processos administrativos possam ensejar a restrição a direito dos interessados.

Sobre o tema, vale mencionar a edição, pelo STF, da Súmula Vinculante nº 5, cujo texto se transcreve:

> Nos processos perante o Tribunal de Contas da União asseguram-se o contraditório e a ampla defesa quando da decisão puder resultar anulação ou revogação de ato administrativo que beneficie o interessado, excetuada a apreciação da legalidade do ato de concessão inicial de aposentadoria, reforma e pensão.[4]

Apesar de a súmula citada tratar de processos administrativos no âmbito do Tribunal de Contas da União, ela permite entrever o entendimento da Corte a respeito da aplicabilidade das garantias do contraditório e da ampla defesa também em processos administrativos.

[4] Importante ressaltar que a jurisprudência do STF contempla exceção não prevista no texto da súmula: em respeito ao princípio da segurança jurídica, o interessado terá a se manifestar – mesmo nos casos de apreciação da legalidade do ato de concessão de inicial de aposentadoria, reforma e oportunidade de pensão – caso decorridos mais de cinco anos desde a concessão do benefício.

25. **(FGV/Sefaz-RJ/Analista de Controle Interno/2011)** A assessoria jurídica de determinado órgão público estadual, ao apreciar pedidos formulados por administrados com base no hipotético Decreto Estadual nº 1.234, vinha adotando, desde 2007, interpretação que fundamentava o deferimento das pretensões apresentadas. Em 2010, revendo sua posição, a assessoria jurídica passou a interpretar a referida norma administrativa de forma diversa, o que conduziria ao indeferimento daqueles pedidos. Nessa situação, o princípio aplicável aos processos administrativos que veda a aplicação retroativa de nova interpretação denomina-se

a) motivação.
b) segurança jurídica.
c) impessoalidade.
d) legalidade.
e) moralidade.

Comentários

À exceção do princípio da segurança jurídica, previsto na alternativa **b**, todos os demais já foram tratados nas questões anteriores.

O princípio da motivação refere-se à obrigatoriedade de que a Administração divulgue a fundamentação de suas decisões.

O princípio da impessoalidade impõe que não seja conferido tratamento anti-isonômico injustificado aos administrados.

O princípio da legalidade impõe a submissão das condutas administrativas à lei, e o princípio da moralidade refere-se à necessidade de que a atuação administrativa observe critérios de probidade, lealdade e honestidade.

Resta-nos, então, o princípio da segurança jurídica, que veicula a noção de que deve existir certa previsibilidade nas relações jurídicas, de modo que as pessoas inseridas em certo ordenamento jurídico já saibam o que esperar genericamente como consequência dos diversos atos e fatos jurídicos. Essa mesma previsibilidade é que impõe que novas interpretações levadas a efeito pela Administração não sejam aplicadas retroativamente (a situações que já se consolidaram).

Atualmente, o princípio da segurança jurídica está previsto no art. 2º da Lei nº 9.784/1999. Inclusive, esse artigo prevê diversos outros princípios, o que permite a afirmação de que são agora princípios administrativos previstos *expressamente* na legislação (mesmo quando não sejam previstos no texto constitucional).

Tratando mais detidamente do exemplo tratado no comando da questão, é conveniente trazer que a professora Di Pietro (2010, p. 84) que integrou a comissão de juristas que elaborou o anteprojeto da Lei nº 9.784/1999 - afirma expressamente que

> o objetivo da inclusão desse dispositivo foi o de vedar a aplicação retroativa de nova interpretação de lei no âmbito da Administração Pública.

Tanto é assim que a lei também prevê a vedação de aplicação retroativa de novas interpretações como um dos critérios a serem observados nos processos administrativos.

---

26. (FCC/MP-RS/Secretário de Diligências/2010) A nomeação de suplentes em comissões é feita em observância ao princípio da

a) moralidade.

b) proporcionalidade.

c) hierarquia.

d) continuidade.

e) publicidade.

Comentários

Já sabemos que o princípio da moralidade refere-se à observância de preceitos éticos e morais, além da busca pela boa-fé e pela probidade nas atividades do administrador. O princípio da proporcionalidade, a seu turno, trata da necessidade que não sejam impostas restrições além do necessário.

O chamado princípio da hierarquia impõe que a organização administrativa depende de hierarquização como forma de alcançar a organização e a correta repartição de suas competências. Também já vimos que o princípio da publicidade impõe que os atos administrativos sejam devidamente publicados, até como forma de possibilitar o exercício de controle sobre eles.

Resta-nos, então, o princípio da continuidade – comumente estudado como um dos princípios inspiradores da prestação de serviços públicos, mas que muitos autores inserem entre os princípios gerais do Direito Administrativo – impõe que os serviços não devem ser interrompidos, justamente não cessam as necessidades do corpo social. A continuidade liga-se, pois, à noção de que os serviços públicos existem para atender às necessidades básicas da população e é precisamente esse o motivo pelo qual não podem parar.

Explicitando claramente, então, a adequação desse princípio como resposta à questão, Dirley da Cunha Júnior (2009, p. 240) destaca que

> O princípio impõe: a previsão de normas que exigem a permanência do servidor em serviço, quando pede exoneração, pelo prazo fixado em lei; *os institutos da substituição, suplência e delegação* e proibição de greve, hoje flexibilizada pela previsão constitucional do direito de greve (art. 37, VII).

CAPÍTULO 2

Organização da Administração Pública

1. **(FCC/TCE-AP/Analista de Controle Externo/Jurídica/2012)** O Decreto-Lei nº 200/1967 constituiu um marco na reforma administrativa e estabeleceu como premissa para o exercício das atividades da Administração Pública federal a descentralização, que deveria ser posta em prática
   a) dentro da Administração Federal, mediante a distinção dos níveis de direção dos de execução; da Administração Federal para as unidades federadas, mediante convênio, e para a órbita privada, mediante contratos ou concessões.
   b) mediante delegação ampla de competências, na forma prevista em regulamento e desvinculada da supervisão ministerial.
   c) com a criação de sociedades de economia mista, empresas públicas, autarquias e fundações, afastando a anterior descentralização feita por meio de concessão de serviços à iniciativa privada.
   d) mediante, principalmente, a transferência de competências executivas e legislativas aos Estados e Municípios para o exercício de atividades de interesse comum e criação de sociedades de economia mista para exploração de atividade econômica.
   e) por intermédio, principalmente, da criação de entidades de direito privado para a prestação de serviços públicos e exercício de atividade econômica, ligadas à União por contrato de concessão.

Comentários

Organização da Administração é um tema que, não raras vezes, é estudado tendo em conta a abordagem doutrinária. Mesmo que a doutrina exponha o assunto de forma bastante ampla, é importante que o candidato saiba que existe um diploma a tratar do assunto e que algumas questões de concurso somente são resolvidas com base no texto dessa lei, já que nem tudo lá previsto é normalmente abordado pela doutrina. Trata-se do Decreto-Lei nº 200/1967 (recepcionado pela ordem vigente com *status* de lei ordinária), que dispõe sobre a organização da Administração Pública Federal, estabelecendo ainda diretrizes para a chamada reforma administrativa.

Sobre o tema da questão, transcrevemos o art. 10 e seu respectivo § 1º do referido decreto-lei:

> Art. 10. A execução das atividades da Administração Federal deverá ser amplamente descentralizada.
> § 1º A descentralização será posta em prática em três planos principais:
> *a*) dentro dos quadros da Administração Federal, distinguindo-se claramente o nível de direção do de execução;
> *b*) da Administração Federal para a das unidades federadas, quando estejam devidamente aparelhadas e mediante convênio;
> *c*) da Administração Federal para a órbita privada, mediante contratos ou concessões.

Conclui-se, então, que é correta a alternativa **a**, que traz quase uma reprodução dessas disposições. As demais alternativas contrariam o exposto na alternativa **a** e no artigo citado.

2. **(Cespe/Previc/Analista Administrativo/2011)** Há desconcentração administrativa quando se destaca determinado serviço público do Estado para conferi-lo a outra pessoa jurídica, criada para essa finalidade.

Comentários

Os entes da Federação brasileira (União, Estados, Distrito Federal e Municípios) têm personalidade jurídica. Assim, são titulares de direitos e obrigações e responsáveis pelo exercício das diversas competências previstas constitucionalmente. A *descentralização* administrativa é um processo externo que resulta na criação de outra pessoa a quem atribuir parte dessas competências.

No entanto, as competências que continuam dentro da pessoa não ficam em desordem. Eis o bom exemplo do professor Lucas Furtado (2012, p. 136):

> Se é certo, por exemplo, que o Ministério dos Transportes integra a estrutura da União, é igualmente certo que nem todas as atribuições que permanecem centralizadas na União podem ser exercidas por este órgão federal. É necessário que se proceda à organização interna

> dessas diversas potestades. A esse fenômeno interno de distribuição de competências ou organização interna de atribuições denomina-se desconcentração administrativa.

Desse modo, na *desconcentração*, não há criação de uma nova pessoa jurídica. Há apenas uma distribuição interna de competências, por meio da criação de órgãos despersonalizados, nos quais são lotados os servidores. Os órgãos são, então, parte da pessoa jurídica e, como eles não têm personalidade jurídica, quando agem, essa atuação é imputada à própria pessoa a que se vinculam.

Essa divisão interna de competência tem a finalidade de permitir maior organização da Administração em busca de eficiência e tem pertinência com a hierarquia administrativa.

O exemplo da assertiva, portanto, consiste em *descentralização*, não em *desconcentração*.

Por fim, conveniente observar que o processo de desconcentração exige lei de iniciativa do chefe do Poder Executivo, conforme dispõe o art. 61, § 1º, II, *e*, da Constituição. Contudo, a organização e o funcionamento dos órgãos criados pelo processo de desconcentração podem ser regulamentados por simples decreto (art. 84, VI, *a*, CF).

---

3. **(Consulplan/TSE/Técnico Judiciário/Área Administrativa/2012)** Sobre a desconcentração, analise.
I. Significa repartição de funções entre vários órgãos de uma mesma Administração.
II. Significa uma quebra de hierarquia entre os órgãos despersonalizados.
III. Na desconcentração, a execução de atividades pelo Estado é direta e imediata.

Assinale
a) se apenas as afirmativas I e II estiverem corretas.
b) se apenas as afirmativas I e III estiverem corretas.
c) se apenas as afirmativas II e III estiverem corretas.
d) se todas as afirmativas estiverem corretas.

Comentários

O item I está correto. De fato, na desconcentração – ao contrário da descentralização – não há transferência de competências e atribuições a uma nova pessoa jurídica. Trata-se justamente de um processo interno de divisão de atribuições entre os diversos órgãos integrantes de uma pessoa jurídica.

Também o item III está correto. Diz-se que a execução das atividades pelo Estado é direta e imediata na desconcentração justamente porque não há atribuição de competência a outra pessoa jurídica. A desconcentração ocorre juntamente com a centralização. Esta significa a opção por manter competências dentro do ente estatal (entes federativos); aquela é utilizada como forma de organizar essas competências.

Assim, quando o órgão age, sua atuação é imputada à pessoa jurídica; é o próprio ente político que está agindo, já que o órgão é apenas uma parte da pessoa, mas não tem personalidade jurídica. Carvalho Filho (2012, p. 447) destaca que a centralização é a situação em que o Estado executa as suas tarefas diretamente, ou seja, por intermédio dos órgãos e agentes administrativos que compõem a sua estrutura funcional.

O item II, todavia está incorreto. Como observamos na questão anterior, a desconcentração tem pertinência com a hierarquia. Queremos ressaltar justamente que a distribuição das atribuições dá-se com distinção de níveis hierárquicos (sem quebra de hierarquia, portanto). Di Pietro explica (2010, p. 410):

> [A desconcentração é] uma distribuição interna de competências, ou seja, uma distribuição de competências dentro da mesma pessoa jurídica; sabe-se que a Administração Pública *é organizada hierarquicamente, como se fosse uma pirâmide em cujo ápice se situa o Chefe do Poder Executivo. As atribuições administrativas são outorgadas aos vários órgãos que compõem a hierarquia, criando-se uma relação de coordenação e subordinação entre uns e outros.* Isso é feito para descongestionar, desconcentrar, tirar do centro um volume grande de atribuições, para permitir seu mais adequado e racional desempenho. A desconcentração liga-se à hierarquia.

Por outro lado, quando há a criação das entidades da Administração indireta, por meio de descentralização, não há falar em hierarquia. A Administração direta apenas fiscaliza (exerce o poder de tutela) sobre as pessoas da Administração indireta; não há hierarquia entre uma e outra.

Corretos os itens I e III, portanto, alternativa **b** é correta.

4. **(FCC/TJPE/Analista Judiciário/Área Judiciária/2012)** Em relação aos órgãos e agentes da Administração Pública é correto afirmar:

a) a atuação dos órgãos não é imputada à pessoa jurídica que eles integram, mas tendo a prerrogativa de representá-la juridicamente por meio de seus agentes, desde que judiciais.

b) a atividade dos órgãos públicos não se identifica e nem se confunde com a da pessoa jurídica, visto que há entre a entidade e seus órgãos relação de representação ou de mandato.

c) os órgãos públicos são dotados de personalidade jurídica e vontade própria, que são atributos do corpo e não das partes porque estão ao lado da estrutura do Estado.

d) como partes das entidades que integram os órgãos são meros instrumentos de ação dessas pessoas jurídicas, preordenados ao desempenho das funções que lhe forem atribuídas pelas normas de sua constituição e funcionamento.

e) ainda que o agente ultrapasse a competência do órgão não surge a sua responsabilidade pessoal perante a entidade, posto não haver considerável distinção entre a atuação funcional e pessoal.

Comentários

Sabe-se que o Estado é composto por pessoas jurídicas. Sendo assim, não tem como manifestar diretamente a sua vontade. É necessário que o faça por meio de seus agentes, pessoas físicas. Ao longo da história, surgiram diferentes teorias na tentativa de explicar a relação existente entre a pessoa jurídica (ou suas subdivisões despersonalizadas – os órgãos) e os agentes que manifestam essa vontade.

Segundo a teoria do mandato, o agente seria um mandatário, um procurador da pessoa jurídica a que se vincula. Ocorre que a teoria pecava por não explicar como o mandato poderia ter sido outorgado, uma vez que o Estado não tem vontade própria.

Em seguida, pela teoria da representação, o agente seria, por força da lei, um representante do Estado. A teoria também recebeu críticas e acabou superada pela teoria atualmente vigente: a teoria do órgão.

Segundo esta última teoria, quando o agente se manifesta é como se o próprio Estado estivesse se expressando, de modo que a conduta do agente é imputada (atribuída) ao Estado. Esse mesmo entendimento vale para a relação entre as pessoas jurídicas e seus órgãos – que se configuram como unidades que reúnem competências e atribuições a serem exercidas pelos agentes.

Nessa linha, uma vez que os órgãos não têm personalidade jurídica própria, quando eles agem, é como se a própria pessoa jurídica estivesse agindo.

Assim, considerando-se as entidades políticas (União, Estados, Distrito Federal e Municípios, que são pessoas jurídicas) e seus respectivos órgãos, tem-se a chamada Administração direta. Por outro lado, é possível ao Estado criar outras pessoas jurídicas a quem delegar competências. Quando o faz, surgem as entidades administrativas que compõem a chamada Administração indireta e se submetem a controle político a ser exercido pelas entidades políticas.

Demonstrada está a incorreção da alternativa **a**, já que a atuação dos órgãos é, sim, imputada à pessoa jurídica, não havendo falar em representação, mas em imputação.

Da mesma forma, incorreta a alternativa **b**, já que, pela teoria do órgão, não há relação de representação ou mandato. Ainda, existe, sim, identidade entre a atuação do órgão e a atuação da pessoa. Quando o órgão despersonalizado age, é a própria pessoa jurídica que está agindo.

A incorreção da alternativa **c** reside no fato de que os órgãos não são dotados de personalidade jurídica ou vontade própria. Tais características são realmente, como diz a assertiva, do corpo (da pessoa jurídica) e não de suas partes, os órgãos. Estes podem ser definidos como unidades sem personalidade jurídica nas quais são lotados os agentes responsáveis pelo exercício das funções estatais.

Quanto à alternativa **e**, está incorreta porque é possível surgir a responsabilidade pessoal do agente (pessoa física) perante a entidade. De fato, para o administrado, para a sociedade, quando o agente atua, é a própria pessoa jurídica que está atuando. Assim, caso haja violação de direitos, é contra a pessoa jurídica que o particular deve se voltar. Isso não significa, contudo, como será estudado no capítulo referente à responsabilidade civil do Estado, que não haja possibilidade de o agente ser responsabilizado pessoalmente perante a entidade.

Correta, então, a alternativa **d**, que está conforme o exposto acima a respeito dos órgãos. Se quando seus agentes atuam é a própria pessoa jurídica a que se vinculam que está atuando, é correto dizer que eles são instrumentos para que a pessoa jurídica alcance suas finalidades.

---

5. (FCC/TRT 11ª Região/Analista Judiciário/Área Judiciária/2012) Existem vários critérios de classificação dos órgãos públicos, tais como, os critérios de "esfera de ação", "posição estatal", "estrutura", dentre outros. No que concerne ao critério "posição estatal", as Casas Legislativas, a Chefia do Executivo e os Tribunais são órgãos públicos

a) autônomos.
b) superiores.
c) singulares.
d) centrais.
e) independentes.

Comentários

Utilizando-se o critério da posição estatal, é possível classificar os órgãos em independentes, autônomos, superiores e subalternos.

Os órgãos independentes têm previsão constitucional, exercem as funções estatais básicas e não se subordinam a nenhum outro órgão, ficando submetidos apenas aos controles constitucionais de um sobre outro. Estão nessa categoria os órgãos de cúpula dos Poderes Legislativo e Executivo, bem como os tribunais. Daí porque a alternativa **d** é correta.

Órgãos autônomos estão subordinados diretamente aos órgãos independentes e gozam de autonomia administrativa e financeira, podendo influir nas decisões de governo. Na esfera federal, é o caso dos Ministérios, subordinados à Presidência da República.

Os órgãos superiores, embora tenham poder de direção, controle e comando, sujeitam-se a controle hierárquico de uma chefia, ao passo que os subalternos exercem principalmente funções de execução, subordinando-se às decisões dos órgãos superiores.

A classificação prevista na alternativa **c**, órgãos singulares, refere-se ao critério quanto à composição, dentro do qual os órgãos podem ser classificados como:

a) singulares, integrados por um único agente que fala em nome do órgão, e

b) colegiados, quando a formação da vontade do órgão depende da manifestação de vários agentes.

6. **(Funcab/MP-RO/Técnico Administrativo/2012)** Não integram as categorias de entidades da Administração indireta:
a) as autarquias.
b) as fundações públicas.
c) as sociedades de economia mista.
d) as empresas públicas.
e) as secretarias.

Comentários

Os entes políticos – pessoas jurídicas estatais – podem criar e distribuir suas competências entre órgãos despersonalizados, que se apresentam como instrumentos de sua atuação. Nesse caso, como o órgão manifesta a vontade da própria pessoa jurídica, tem-se a chamada Administração *direta*. Tem-se aí hipótese de *desconcentração administrativa*, já que é um fenômeno de distribuição ou organização interna das atribuições.

Por outro lado, é também facultado ao Estado outorgar o exercício de competências para outras pessoas jurídicas, que as exercerão por sua conta e risco. Criando-se nova personalidade jurídica, não é mais possível dizer que é o ente político que está agindo. A nova pessoa jurídica criada também terá possibilidade de manifestar sua vontade por meio de seus próprios órgãos e agentes. Quando há a criação de novas pessoas jurídicas para exercer competências estatais, tem-se a chamada Administração *indireta*, composta por quatro figuras principais: autarquias, fundações públicas, empresas públicas e sociedades de economia mista. A criação de entidades personalizadas da Administração indireta é exemplo de descentralização administrativa (que pode ser classificada como descentralização horizontal, por ocorrer em um mesmo nível de governo).

Vê-se, então, a incorreção da alternativa **e**, já que as secretarias não integram a Administração indireta. Justamente ao contrário, são órgãos da Administração indireta. Em esfera estadual, as secretarias estaduais, que auxiliam a chefia do Poder Executivo, são comparáveis, na esfera federal, aos Ministérios, que auxiliam o Presidente da República.

7. **(Isae/Assembleia Legislativa-AM/Analista/Controle/2011)** Com relação à estrutura da Administração Pública, analise as afirmativas a seguir:

I. Pertencem à Administração Pública indireta as seguintes entidades: sociedades de economia mista, empresas públicas, autarquias e fundações públicas.
II. As entidades paraestatais compõem a Administração Pública direta.
III. As entidades que compõem a Administração Pública indireta possuem personalidade jurídica própria.

Assinale:

a) se somente a afirmativa I estiver correta.
b) se somente a afirmativa II estiver correta.

c) se somente a afirmativa III estiver correta.

d) se somente as afirmativas I e II estiverem corretas.

e) se somente as afirmativas I e III estiverem corretas.

Comentários

Quanto ao item I, são exatamente estas as figuras clássicas da Administração indireta. É o que dispõe o art. 4º, II, do Decreto-Lei nº 200/1967. Vejamos:

> Art. 4° A Administração Federal compreende:
>
> (...)
>
> II – A Administração indireta, que compreende as seguintes categorias de entidades, dotadas de personalidade jurídica própria:
>
> *a*) autarquias;
>
> *b*) emprêsas públicas;
>
> *c*) sociedades de economia mista.
>
> *d*) fundações públicas.

O trecho transcrito também já demonstra a correção do item III, que as entidades da Administração indireta são dotadas de personalidade jurídica própria.

Já as entidades paraestatais mencionadas no item II não compõem a Administração indireta. Trata-se de particulares que se colocam ao lado do Estado, mantendo com ele algum tipo de vínculo, para exercer atividades de interesse público. Não podem, todavia, ser considerados como integrantes da Administração.

A respeito, a lição do professor Lucas Rocha Furtado (2012, p. 184):

> A fim de determinar o âmbito que buscamos alcançar quando utilizamos o termo *paraestatal*, devemos considerar que aqui nos referimos a entidades que não integram a Administração Pública direta ou indireta; colocam-se ao lado da Administração (e, como observa Maria Sylvia Zanella Di Pietro, do lado de fora da Administração) e desenvolvem atividades complementares àquelas afetas à Administração, e, em alguns casos, em efetiva substituição às atividades que deveriam ser desenvolvidas por entidades públicas.

Corretos os itens I e III, portanto, correta a alternativa **e**.

8. **(Cespe/Assembleia Legislativa-CE/Analista/Direito/2011)** Lei de criação de autarquia estadual pode ser proposta e encaminhada por iniciativa de deputado estadual.

Comentários

O art. 37, XIX, da Constituição dispõe que

> somente por lei específica poderá ser criada autarquia e autorizada a instituição de empresa pública, de sociedade de economia mista e de fundação, cabendo à lei complementar, neste último caso, definir as áreas de sua atuação.

A questão trata da iniciativa que desencadeia o processo legislativo que deve resultar na criação de autarquia. Em esfera federal, a iniciativa para esse projeto de lei é do chefe do Poder Executivo, em razão do que dispõe o art. 61, § 1º, II, *e*, da CF, que estatui:

> São de iniciativa privativa do Presidente da República as leis que:
>
> (...)
>
> II – disponham sobre:
>
> (...)
>
> *e)* criação e extinção de Ministérios e órgãos da Administração Pública, observado o disposto no art. 84, VI.

José dos Santos Carvalho (2012, p. 466) explica que, embora o texto constitucional não se refira expressamente às autarquias, deve-se conferir-lhe interpretação lógica, no sentido de incluí-las, já que há menção aos ministérios, aos quais se vinculam as autarquias, bem como porque o termo *órgãos* tem, no caso, sentido amplo, para abranger não somente os órgãos da Administração direta (sentido estrito), como, também, as pessoas jurídicas da Administração indireta.

Por fim, é tranquila a jurisprudência do STF no sentido de que as regras do processo legislativo previstas na Constituição Federal aplicam-se, naquilo que cabível, também aos Estados.

A respeito, escreve o professor João Trindade Cavalcante Filho (2012, p. 30):

> No âmbito do processo legislativo, é firme a posição do Supremo Tribunal Federal no sentido de que "as regras básicas do processo legislativo federal – incluídas as de reserva de iniciativa –, são de absorção

> compulsória pelos Estados, na medida em que substantivam prisma relevante do princípio sensível da separação e independência dos Poderes" (STF, Pleno, ADIn nº 430/DF, Relator Ministro Sepúlveda Pertence, DJ de 1/7/1994).

Assim, se a iniciativa da lei para a criação de autarquia em esfera federal é reservada ao Presidente da República, não resta qualquer dúvida de que, em âmbito estadual, é reservada ao Governador, não podendo, ao contrário do que diz a questão ser proposta por deputado estadual.

9. **(FGV/Sefaz-RJ/Analista de Controle Interno/2011)** O Presidente de uma autarquia estadual formulou consulta a seu órgão de assessoria jurídica questionando qual o instrumento jurídico necessário para a concessão de aumento de remuneração aos servidores da entidade. A esse respeito, é correto responder que a concessão de aumento de remuneração aos servidores de uma autarquia estadual depende de

a) lei específica, de iniciativa da Chefia do Poder Executivo.
b) lei complementar, de iniciativa do presidente da autarquia.
c) decreto da Chefia do Poder Executivo.
d) decreto legislativo.
e) lei ordinária, de iniciativa da Presidência da autarquia.

Comentários

As autarquias mantêm vínculo estatuário com seus profissionais. Seu pessoal é composto por *servidores públicos* (não por empregados públicos). Assim, reconhecida a condição de servidores, forçoso concluir que sua remuneração somente pode ser fixada ou alterada por meio de lei, em respeito ao art. 37, X, da CF, o qual dispõe que

> a remuneração dos servidores públicos e o subsídio de que trata o § 4º do art. 39 somente poderão ser fixados ou alterados por lei específica, observada a iniciativa privativa em cada caso, assegurada revisão geral anual, sempre na mesma data e sem distinção de índices.

Quanto à iniciativa, o próprio inciso transcrito já trata de necessidade de que sejam observadas as hipóteses de reserva.

Nessa linha, o art. 61, § 1º, II, *a*, resguarda essa iniciativa ao Chefe do Poder Executivo, nos seguintes termos:

> § 1º São de iniciativa privativa do Presidente da República as leis que (...)
>
> II – disponham sobre: a) criação de cargos, funções ou empregos públicos na Administração direta e autárquica ou aumento de sua remuneração.

Correta, portanto, a alternativa **a**.

10. (Cespe/Assembleia Legislativa-CE/Analista/Direito/2011) As autarquias dispõem do prazo em quádruplo para contestação e em dobro para recurso.

Comentários

As autarquias, ensina o professor José dos Santos Carvalho Filho (2012, p. 464), podem ser definidas como

> pessoas jurídicas de direito público, integrante da Administração indireta, criada por lei para desempenhar funções que, despidas de caráter econômico, sejam próprias e típicas do Estado.

É justamente em razão da personalidade jurídica de direito público e do fato de desenvolverem atividades tipicamente estatais que se conferem às autarquias prerrogativas típicas de direito público, tais como a imunidade tributária recíproca (art. 150, § 2º, da CF), a impenhorabilidade e a imprescritibilidade de seus bens, execução fiscal de seus créditos e prerrogativas processuais. Dentre essas últimas, uma vez que as autarquias são consideradas como Fazenda Pública, deferem-se-lhes o direito previsto no art. 188 do Código de Processo Civil, prazo em quádruplo para contestar e em dobro para recorrer.

11. (Cespe/Previc/Técnico Administrativo/2011) Empresas públicas são pessoas jurídicas de direito privado integrantes da Administração indireta criadas por lei sob a forma de sociedades anônimas com o objetivo de explorar atividade econômica ou prestar determinado serviço público.

Comentários

Dentre as figuras da Administração indireta estão as chamadas empresas estatais, que podem existir na forma de *empresa pública* ou de *sociedade de economia mista*. São pessoas jurídicas de direito privado que integram a Administração indireta, submetidas a regime jurídico de direito privado, que podem prestar serviços públicos ou explorar atividades empresariais.

É um erro comum supor que as empresas públicas somente podem explorar atividades econômicas (até porque o Decreto-Lei nº 200/1967 faz menção expressa à exploração de atividade econômica ao tratar dessas figuras), mas isso não é verdadeiro. Se as entidades políticas decidirem pela exploração dessas atividades – o que, conforme o art. 172 da CF, só será permitido quando necessário aos imperativos da segurança nacional ou a relevante interesse coletivo – terão de fazê-lo por meio de empresas estatais, até para evitar concorrência desleal com as empresas do setor privado. Daí porque "as empresas públicas e as sociedades de economia mista não poderão gozar de privilégios fiscais não extensivos às do setor privado" como prevê o art. 173, § 2º, CF. Contudo, a doutrina é tranquila em admitir que elas também possam prestar serviços públicos.

No entanto, a questão está errada porque as empresas públicas não são criadas por lei, nem devem assumir obrigatoriamente a forma de sociedade anônima. Segundo o texto constitucional (art. 37, XIX), sua criação será *autorizada* por lei. Sendo pessoa jurídica de direito privado, é considerada existente a partir do competente registro em cartório ou em junta comercial.

Quanto à forma de organização, a empresa estatal pode assumir qualquer das formas societárias admitidas, conforme previsto no art. 5º, II, do Decreto-Lei nº 200/1967. O inciso III do mesmo artigo prevê que é a sociedade de economia mista que deve assumir sempre a forma de sociedade anônima.

12. (Cespe/Assembleia Legislativa-CE/Analista/Direito/2011) A lei não permite a participação de recursos de particulares na formação do capital das empresas públicas.

Comentários

A questão está correta. O Decreto-Lei nº 200/1967, que organiza a Administração Pública Federal prevê que as empresas públicas são formadas com capital exclusivo da União. A doutrina é tranquila em afirmar que as empresas públicas são formadas por capital exclusivamente público.

O gabarito definitivo apresentado pela banca examinadora foi nesse sentido, mas é possível surgir alguma polêmica a respeito da questão, conforme exposto a seguir.

É que o Decreto-Lei nº 900/1969 passou a autorizar que

> desde que a maioria do capital votante permaneça de propriedade da União, será admitida, no capital da empresa pública, a participação de outras pessoas jurídicas de direito público interno, bem como de entidades da Administração indireta da União, dos Estados, do Distrito Federal e dos Municípios.

Para Di Pietro (2010, p. 453), com essa previsão

> admite-se a participação de pessoas jurídicas de direito privado que integrem a Administração indireta, inclusive sociedades de economia mista, em que o capital é parcial privado.

Já para Lucas Rocha Furtado (2012, p. 182), embora as empresas públicas possam ter mais de um sócio, é necessário que sejam todos eles pessoas de direito público, pois, caso reúnam-se uma pessoa de direito público e outra de direito privado para formar empresa, esta não será empresa pública (poderá ser sociedade de economia mista, caso o controle pertença à pessoa de direito público).

Tratando da abertura conferida pelo Decreto-Lei nº 900/1969 – em razão do trecho acima transcrito –, José dos Santos Carvalho Filho (2012, p. 502) afirma que

> a lei não admitiu a presença de pessoas da iniciativa privada no capital da empresa pública.

Nessa mesma linha, Celso Antônio Bandeira (2008, p. 193), apesar de admitir a participação de pessoas da Administração indireta, utiliza a expressão *recursos particulares* apenas para tratar da formação do capital das sociedades de economia mista. Vejamos:

> Enquanto o capital das empresas públicas é constituído por recursos integralmente provenientes de pessoa de direito público ou de entidades de suas Administrações indiretas, nas sociedades de economia mista há conjugação de recursos particulares com recursos provenientes de pessoas de direito público ou de entidades de suas Administrações indiretas, com prevalência acionária votante da esfera governamental.

Diante desse quadro e, observando que a própria Maria Sylvia Zanella Di Pietro (2010, p. 453) também afirma que "a empresa pública tem o capital inteiramente público", parece realmente adequado concordar com o gabarito da banca examinadora e afirmar que a questão está correta.

13. (Cespe/MP-PI/Analista Processual/2012) Como a empresa pública pode ser organizada sob qualquer das formas admitidas em Direito, na esfera federal é admitida sua criação sob a forma de empresa pública unipessoal, desde que esta contenha a assembleia-geral como o órgão pelo qual se manifeste a vontade do Estado.

Comentários

De fato, por disposição expressa de lei (art. 5º, II, do Decreto-Lei nº 200/1967), as empresas públicas podem assumir qualquer forma societária admitida em Direito. Contudo, a existência de assembleia-geral não é obrigatória. A sociedade de economia mista, por sua vez, adota obrigatoriamente a forma de sociedade anônima. Ela, sim, terá assembleia-geral.

Sobre o tema, interessante transcrever a lição de Furtado (2012, p. 183):

> Para melhor esclarecer essa distinção, podemos comparar a Caixa Econômica e o Banco do Brasil. A Caixa, que é empresa pública, é organizada conforme seus estatutos. Ela não se submete a qualquer forma específica de organização societária fixada em lei. O Banco do Brasil, que é sociedade de economia mista, adota a forma obrigatória de sociedade anônima. O Banco do Brasil, no caso, submete-se às exigências da Lei nº 6.404/1976 e deve ter o capital dividido em ações, manter conselho fiscal, diretoria, assembleia-geral de acionistas e todas as outras formas definidas pela citada lei.

Errada, portanto, a questão, já que, podendo assumir qualquer forma societária admitida em Direito, não é obrigatório que a empresa contenha assembleia-geral.

14. (Cespe/DPE-AL/Defensor Público/2009) Na esfera federal, a empresa pública pode ser constituída sob a forma de sociedade unipessoal, que tem por órgão necessário a assembleia-geral, por meio da qual se manifesta a vontade do Estado.

Comentários

Essa questão pode gerar bastante dúvida, principalmente quando comparada à questão anterior, da mesma banca examinadora.

O que diferencia as duas é um detalhe terminológico: A diferenciação entre *sociedade unipessoal* e *empresa pública unipessoal*. A primeira tem características típicas de sociedade (embora composta por um único sócio, tem capital dividido em ações). Já a segunda, por não ser sociedade, não fica vinculada à existência de assembleia-geral.

Mencionando Sérgio de Andréa Ferreira, Di Pietro (2010, p. 451) explica:

> Sociedade unipessoal: esta, como sociedade, tem de ter o órgão necessário nesse tipo de pessoa jurídica, que é a assembleia-geral. Como exemplo, cita a Cia. de Desenvolvimento do Vale do São Francisco, cujo capital pertence inteiramente à União; não obstante ter um único "sócio", dispõe de assembleia-geral, conselho diretor, diretoria executiva e conselho fiscal; a justificativa para a existência de assembleia-geral seria o fato de que seu capital foi dividido em 300 milhões de ações, com a previsão de participação, em futuros aumentos de capital, de outras pessoas jurídicas de direito público.
>
> (...)
>
> Empresa pública unipessoal, que corresponde à empresa individual do direito privado, com a diferença de que a empresa pública tem personalidade jurídica e a constituição de empresa individual, no direito privado, não acarreta a criação de pessoa jurídica.

Em complemento, é possível ainda que e a empresa pública organize-se sob a forma de sociedade pluripessoal, com mais de um sócio. A Companhia Imobiliária do Distrito Federal (Terracap) tem o capital dividido entre dois sócios, a União - que detém 49% - e o Distrito Federal, que, sendo sócio majoritário, detém o controle da empresa, de modo que pode se afirmar também que mencionada empresa integra a Administração indireta do DF.

15. **(FGV/Sefaz-RJ/Analista de Controle Interno/2011)** Em relação ao regime jurídico das empresas públicas federais, é correto afirmar que

a) são pessoas jurídicas de direito público, integram a Administração descentralizada federal e gozam de todas as prerrogativas processuais aplicáveis à Fazenda Pública.

b) são pessoas jurídicas de direito público, integram a Administração direta federal e, quando prestadoras de serviços públicos, seus bens são impenhoráveis.

c) são pessoas jurídicas de direito privado, integram a Administração indireta federal e se submetem ao controle do Tribunal de Contas da União.

d) são pessoas jurídicas de direito privado, integram a Administração central federal e somente podem ser criadas por lei, adotando a forma de sociedade anônima.

e) são pessoas jurídicas de direito privado, integram a Administração hierárquica federal e, quando exploradoras de atividade econômica, estão dispensadas da observância de procedimento licitatório.

Comentários

Quando o comando da questão faz referência às empresas federais, a melhor compreensão da expressão é no sentido de referir-se às empresas estatais em esfera, englobando tanto as sociedades de economia mista quanto as empresas públicas.

Entre os traços comuns das empresas estatais, tem-se a personalidade jurídica de direito privado. Uma vez que empresas públicas e sociedades de economia mista podem concorrer com particulares em atividades empresariais, seria contrário à livre concorrência que elas tivessem as prerrogativas típicas das pessoas jurídicas de direito público. Além do mais, já vimos que são figuras da Administração indireta, que têm personalidade própria.

Descartadas, portanto, as alternativas **a** e **b**, ante a incorreta definição da personalidade jurídica.

Quanto à alternativa **d**, como se trata de pessoas jurídicas da Administração indireta, é incorreto dizer que integram a Administração central, já que sua criação configura um processo de descentralização. Ademais, as empresas públicas podem assumir qualquer forma admitida em lei e não são precisamente criadas por lei, mas apenas autorizadas.

No que se refere à alternativa **e**, as figuras da Administração indireta – inclusive as empresas estatais – não se colocam em posição de hierarquia inferior em relação à Administração direta; elas se submetem a controle finalístico. E, mesmo que sejam exploradoras de atividade econômica, não estarão desobrigadas da observância de procedimentos licitatórios quanto às suas atividades-meio.

No que se refere à obrigatoriedade da realização de licitação pelas empresas estatais, Furtado (2012, p. 177) explica que

> todas estão obrigadas a licitar; o procedimento deve observar o que dispõe a Lei nº 8.666/1993; as empresas estatais que explorem atividades empresariais, somente quando celebrarem contratos diretamente relacionados a exercício de atividade-fim estão desobrigadas de observarem a Lei nº 8.666/1993, devendo, no entanto, seguir os princípios constitucionais de impessoalidade, moralidade e eficiência.

Resta-nos, portanto, a alternativa **c**, que está correta. O texto constitucional prevê expressamente a competência do TCU para

> julgar as contas dos administradores e demais responsáveis por dinheiros, bens e valores públicos da Administração direta e *indireta, incluídas as fundações e sociedades instituídas e mantidas pelo Poder Público federal*, e as contas daqueles que derem causa a perda, extravio ou outra irregularidade de que resulte prejuízo ao erário público.

É certo que no Mandado de Segurança nº 23.627-DF, o STF entendeu que o TCU não fiscaliza as empresas estatais, ao argumento de os bens dessas entidades serem privados. Contudo, como bem observa o mesmo autor Furtado (2012, p. 177), a competência fiscalizatória do TCU não se esgota na competência para julgar contas. A CF prevê, ainda, competência para

> realizar, por iniciativa própria, da Câmara dos Deputados, do Senado Federal, de Comissão técnica ou de inquérito, inspeções e auditorias de natureza contábil, financeira, orçamentária, operacional e patrimonial, nas unidades administrativas dos Poderes Legislativo, Executivo e Judiciário, e demais entidades referidas no inciso II.

Assim, mesmo que se entenda que há competência para julgar as contas dos gestores dessas empresas, não há dúvidas quanto à competência da corte de contas para fiscalizá-las.

---

16. (FCC/TCE-AP/Técnico de Controle Externo/2012) O Estado pretende criar entidade dotada de autonomia, integrante da Administração indireta, para exercer atividade de natureza econômica, com a participação de entidade privada na constituição do correspondente capital social. Atende a tal objetivo

a) uma empresa pública.

b) uma sociedade de economia mista.

c) uma parceria público-privada.
d) um consórcio público.
e) uma organização social (OS).

Comentários

As quatro figuras clássicas da Administração indireta são autarquia, fundação, empresa pública e sociedade de economia mista. Assim, já ficam excluídas as alternativas **c**, **e** e **d**. Vale observar, todavia, que os consórcios públicos (alternativa **d**) podem vir a ser considerados como integrantes da Administração indireta. É que, desde o advento da Lei nº 11.107/2005, eles podem assumir personalidade jurídica de direito público e integrar a Administração indireta de todos os entes consorciados.

Vítor Bizerra (2011, p. 64-65) explica:

> Além das subsidiárias, existem outras figuras que podem surgir no âmbito da Administração indireta e que não têm previsão expressa no Decreto-Lei nº 200/1967. São as chamadas associações públicas. Tais figuras nada mais são do que os consórcios públicos criados com personalidade jurídica de direito público, e que integram a Administração indireta de todos os entes consorciados, nos termos do que dispõe a Lei nº 11.107/2005, em seu art. 6º, I, § 1º:
>
> Art. 6º O consórcio público adquirirá personalidade jurídica:
>
> I - de direito público, no caso de constituir associação pública, mediante vigência das leis de ratificação do protocolo de intenções;
>
> (...)
>
> § 1º O consórcio público com personalidade jurídica de direito público integra a Administração indireta de todos os entes da Federação consorciados.

De qualquer forma, mesmo observando a possibilidade de que os consórcios venham a fazer parte da Administração indireta, eles não se apresentam como resposta possível à questão, porquanto somente quando tiverem personalidade de direito público é que farão parte da Administração indireta[5].

Restam-nos, então, a sociedade de economia mista e a empresa pública. O ponto referente à exploração de atividade econômica não é definitivo para a res-

[5] A doutrina apresenta críticas a essa opção legislativa de permitir que o consórcio adquira personalidade jurídica, ao argumento de que ele é um acordo de vontades e nada no ordenamento brasileiro permitia, até o advento da Lei nº 11.107/2005, a conclusão de que fossem pessoas jurídicas. A despeito das críticas cabíveis, o tema tem sido recorrente em provas de concursos e deve-se conhecer essa (não tão) recente possibilidade de que consórcios públicos integrem a Administração indireta dos entes consorciados.

posta, uma vez que ambas podem fazer tal exploração, assim como podem ser prestadoras de serviços públicos.

A sociedade de economia mista (alternativa **b**) deve ser apontada como resposta, porque – ao contrário da empresa pública, que tem capital exclusivamente público – admite a participação privada na formação de seu capital.

17. **(Cespe/MP-PI/Técnico Administrativo/2012)** As agências executivas não constituem uma nova entidade, pois, na verdade, elas não passam de autarquias e (ou) fundações públicas que foram qualificadas como tal.

Comentários

De fato, as agências executivas não constituem nova entidade. O enquadramento de determinada entidade como agência executiva depende de uma qualificação conferida por meio de decreto do presidente da República.

Segundo o art. 51 da Lei nº 9.649/1998, podem ser qualificadas como agências executivas autarquias ou fundações que tenham um plano estratégico de reestruturação e que celebrem um contrato de gestão com o respectivo ministério competente para a sua supervisão.

É uma qualificação, portanto, conferida a entidade preexistente, não se tratando de uma nova pessoa jurídica.

Em termos teóricos, a finalidade de tal qualificação é aumentar a eficiência na prestação dos serviços da entidade, alcançando determinadas metas, concedendo, em troca, maior autonomia para a entidade.

18. **(FGV/Sefaz-RJ/Analista de Controle Interno/2011)** A respeito do regime jurídico aplicável às parcerias público-privadas, analise as afirmativas a seguir:
I. Parceria público-privada, na modalidade concessão patrocinada, é o contrato de prestação de serviços de que a Administração Pública seja usuária direta ou indireta, ainda que envolva execução de obra ou fornecimento e instalação de bens.
II. A repartição objetiva de riscos entre as partes é uma diretriz a ser observada na contratação de parceria público-privada.
III. A celebração do contrato de parceria público-privada deve ser precedida da constituição de uma sociedade de propósito específico, incumbida de implantar e gerir o objeto da parceria.

Assinale

a) se apenas a afirmativa I estiver correta.

b) se apenas a afirmativa II estiver correta.

c) se apenas as afirmativas I e II estiverem corretas.

d) se apenas as afirmativas i e III estiverem corretas.

e) se apenas as afirmativas II e III estiverem corretas.

Comentários

Marçal Justen Filho (2001, p. 772) explica que

> a expressão *parceria público-privada* ingressou no cenário jurídico pátrio por influência de práticas difundidas no âmbito europeu, especialmente na Grã-Bretanha e na França. No Brasil, o instituto está disciplinado pela Lei nº 11.079, que instituiu duas modalidades de parceria público-privada: a concessão administrativa e a concessão patrocinada.

As parcerias público-privadas (também conhecidas como PPP) são modalidades de contratos administrativos, como ressalta Di Pietro (2010, p. 304)

A própria lei define, no art. 2º, §§ 1º e 2º, as modalidades.

Conforme o § 1º

> concessão patrocinada é a concessão de serviços públicos ou obras públicas de que trata a Lei nº 8.987, de 13/2/1995, quando envolver, adicionalmente à tarifa cobrada dos usuários, contraprestação pecuniária do parceiro público ao parceiro privado.

Já a concessão administrativa, dispõe o § 2º,

> é o contrato de prestação de serviços de que a Administração Pública seja a usuária direta ou indireta, ainda que envolva execução de obra ou fornecimento e instalação de bens.

Na primeira modalidade, a remuneração recebida pelo parceiro privado é formada pelas tarifas pagas pelos usuários do serviço e pela contraprestação pecuniária oferecida pelo parceiro público. No segundo caso, a remuneração é feita exclusivamente pelo parceiro público.

Voltando às definições, conclui-se que está errado o item I, que apresenta como concessão patrocinada o conceito que é, em verdade, da concessão administrativa.

A modalidade de concessão patrocinada consiste numa concessão de serviço público – que, portanto, subordina-se genericamente às disposições da Lei das Concessões – na qual o Poder Público responsabiliza-se parcialmente pela remuneração devida ao concessionário.

É correto, por outro lado, o item II. Leciona Di Pietro (2010, p. 306) que a repartição dos riscos é uma das diferenças entre a concessão patrocinada (modalidade de PPP) e a concessão de serviço público comum, na qual o concessionário exerce as atividades por sua conta e risco. No mesmo sentido Justen Filho (2011, p. 773) destaca que

> nas hipóteses de concessão patrocinada, o risco não é totalmente eliminado, mas se processo o seu compartilhamento entre o Estado, a sociedade e um particular.

É também correto o item III, que se reporta à previsão do art. 9º da Lei nº 11.079, que prevê, em caráter obrigatório, a necessidade de criação de uma sociedade de propósitos específicos.

Corretos os itens II e III, tem-se a alternativa **e** por gabarito.

CAPÍTULO 3

Poderes Administrativos

1. **(Cespe/Assembleia Legislativa-CE/Analista/Direito/2011)** No âmbito do Direito Privado, o poder de agir constitui mera faculdade; no do Direito Administrativo, é uma imposição, um dever de agir para o agente público.

Comentários

Rege-se o Direito Administrativo pela supremacia do interesse público sobre o privado bem como pelo princípio da indisponibilidade do interesse público. Quando o agente age, não o faz em busca de seus próprios interesses, mas em busca de realizar as finalidades da Administração. Daí dizer-se que os poderes instrumentais conferidos aos agentes públicos – embora comumente de faculdades – constituem deveres. Daí porque as atribuições dos agentes públicos constituem um *munus* público. Uma vez que deve buscar a finalidade pública, que se consubstancia naquilo que determina a lei, o agente a quem se atribuem os poderes administrativos deve utilizá-los.

São precisas as palavras de Carvalho Filho (2012, p. 44):

> Quando um poder jurídico é conferido a alguém, pode ele ser exercido ou não, já que se trata de mera faculdade de agir. Essa, a regra geral. Seu fundamento está na circunstância de que o exercício ou não do poder acarreta reflexos na esfera jurídica do próprio titular.
>
> O mesmo não se passa no âmbito do direito público. Os poderes administrativos são outorgados aos agentes do Poder Público, para lhes permitir atuação voltada aos interesses da coletividade. Sendo assim, deles emanam duas ordens de consequência:
>
> 1ª) eles são irrenunciáveis; e
>
> 2ª) devem ser obrigatoriamente exercido pelos titulares.
>
> Desse modo, as prerrogativas públicas, ao mesmo tempo em que constituem poderes para o administrador público, impõem-lhe o seu exercício e lhe vedam a inércia, porque o reflexo desta atinge, em última instância, a coletividade, esta a real destinatária de tais poderes.

> Esse aspecto dúplice do poder administrativo é que se denomina de *poder-dever* de agir. E aqui são irretocáveis as já clássicas palavras de Hely Lopes Meirelles: "Se, para o particular, o poder de agir é mera faculdade, para o administrador público é uma obrigação de atuar, desde que se apresente o ensejo de exercitá-lo em benefício da comunidade".

Correta, portanto, a assertiva.

Vale destacar que, existindo o dever de agir, existe também a possibilidade de responsabilização (em diversas esferas) do agente que se omite.

A doutrina fala na existência dos poderes *regulamentar, disciplinar, hierárquico e de polícia,* que serão estudados nas questões a seguir.

Hely Lopes Meirelles (2010, p. 121-124) afirma, ainda, a existência de poderes *vinculado* e *discricionário*, classificando-se conforme a liberdade da Administração para a prática de seus atos.

O tema ainda é bastante cobrado em provas de concursos de grandes bancas examinadoras, de modo que se deve conhecer a terminologia, mas, na esteira da doutrina mais moderna[6, 7], não entendemos que *discricionariedade* e *vinculação* possam realmente ser entendidas como poderes. Apresentam-se mais como *características dos atos administrativos*. Por isso, preferimos o seu enquadramento didático nesse tema, insistindo na noção de que é importante que o candidato conheça a terminologia adotada por Meirelles, inclusive porque é ainda comum encontrá-la em certames públicos.

2. **(Ieses/TJ-MA/Titular de Cartório/2011)** Para bem atender ao interesse público, a Administração é dotada de poderes administrativos, que são instrumentos de trabalho adequados à realização das tarefas administrativas. Esses poderes se apresentam diversificados segundo as exigências do serviço público, o interesse da coletividade e os objetivos a que se dirigem. Dentre eles está o poder

---

6 "A discricionariedade administrativa não corresponde propriamente a um poder da Administração Pública. A liberdade conferida pela lei para que o administrador adote a melhor solução para casos concretos com base em juízo de conveniência ou de oportunidade não corresponde ao exercício de potestade pública, de modo que a terminologia 'poder vinculado' e 'poder discricionário' é mantida por mera tradição, mas não por acerto jurídico ou técnico" (FURTADO, 2012, p. 544).

7 "Quanto aos chamados poderes discricionário e vinculado, não existem como poderes autônomos; a discricionariedade e a vinculação são, quando muito, atributos de outros poderes ou competências da Administração. O chamado 'poder vinculado', na realidade, não encerra 'prerrogativa' do Poder Público, mas, ao contrário, dá ideia de restrição, pois, quando se diz que determinada atribuição da Administração é vinculada, quer-se significar que está sujeita à lei em praticamente todos os aspectos" (DI PIETRO, 2010, p. 88).

de polícia. Assinale a opção abaixo que corresponde ao correto conceito desse poder de polícia:

a) É a faculdade de que dispõe o Executivo para distribuir e escalonar as funções de seus órgãos, ordenar e rever a atuação de seus agentes, estabelecendo a relação de subordinação entre os servidores do seu quadro de pessoal.

b) É a faculdade de que dispõem os Chefes de Executivo (Presidente da República, Governadores e Prefeitos) de explicar a lei para sua correta execução, ou de expedir decretos autônomos sobre matéria de sua competência ainda não disciplinada por lei.

c) É a faculdade de que dispõe a Administração Pública para condicionar e restringir o uso e gozo de bens, atividades e direitos individuais, em benefício da coletividade ou do próprio Estado.

d) É a faculdade de punir internamente as infrações funcionais dos servidores e demais pessoas sujeitas à disciplina dos órgãos e serviços da Administração.

Comentários

Renovando as ressalvas já feitas na questão anterior quanto à imprecisão de utilizar-se a expressão *faculdades* para referir-se aos poderes administrativos (embora Hely Lopes Meirelles o tenha feito, já que a questão é baseada em sua doutrina), analisemos os conceitos expostos na questão, que requer um conceito para o poder de polícia.

A alternativa **a** apresenta um conceito possível para o poder hierárquico, que Meirelles (2010, p. 124) definia como o poder

> de que dispõe o Executivo para distribuir e escalonar as funções de seus órgãos, ordenar e rever a atuação de seus agentes, estabelecendo a relação de subordinação entre os servidores do seu quadro de pessoal.

Alertamos o leitor a prestar atenção aos verbos utilizados pelo referido autor (*distribuir*, *escalonar*, *ordenar*, *rever*), uma vez que é extremamente comum que o poder disciplinar apareça em provas de concursos associado a esses termos.

A alternativa **b** apresenta conceito aplicável ao poder regulamentar – que Di Pietro (2010, p. 90) prefere chamar de poder normativo, ao argumento de que o poder regulamentar não esgota toda a competência normativa da Administração, mas é apenas uma das formas de sua expressão. Sobre essa distinção, discorre Dirley da Cunha Júnior (2009, p. 84):

> As ilustres administrativistas Maria Sylvia Zanella Di Pietro e Odete Medauar identificam o poder regulamentar como uma espécie do poder normativo, afirmando que este compreenderia todos os atos normativos da Administração Pública, que não se resumem aos regulamentos dos Chefes do Executivo. Estão com razão as eminentes autoras.
>
> Com efeito, a competência normativa da Administração Pública é ampla. Compreende atos normativos dos diversos órgãos da Administração direta e entidades da Administração indireta, expedidos por resoluções, instruções, portarias e regimentos. É bem verdade que todos estes atos estabelecem normas que têm alcance limitado ao âmbito de atuação do órgão expedidor. Eles não possuem o mesmo alcance nem a mesma natureza que os regulamentos baixados pelo Chefe do Executivo.
>
> Ademais, o poder normativo também engloba a competência normativa das chamadas agências reguladoras, pois estas se prestam a atividades essencialmente normativas, mas não através de decretos, uma vez que estes são próprios dos Chefes do Executivo. As agências reguladoras exercerão o poder de regulamentar as leis que disponham sobre os serviços de suas competências.

Está correta a alternativa **c**. O poder de polícia encontra fundamento na supremacia do interesse público sobre o privado e é justamente por isso que é possível a sua utilização como forma de restrição e condicionamento de direitos individuais para salvaguardar direitos da coletividade e do próprio. Na verdade, a assertiva é uma transcrição do conceito apresentado pelo professor Hely Lopes Meirelles (2010, p. 134). Vejamos:

> Poder de polícia é a faculdade de que dispõe a Administração Pública para condicionar e restringir o uso de gozo de bens, atividades e direitos individuais, em benefício da coletividade ou do próprio Estado. Em linguagem menos técnica, podemos dizer que o poder de polícia é o mecanismo de frenagem de que dispõe a Administração Pública para conter os abusos do direito individual. Por esse mecanismo, que faz parte de toda a Administração, o Estado detém a atividade dos particulares que se revelar contrário, nociva ou inconveniente ao bem-estar social, ao desenvolvimento e à segurança nacional.

A alternativa **d**, por sua vez, refere-se ao poder disciplinar, do qual a Administração dispõe para apurar infrações e aplicar penalidades aos seus servidores, bem como a outras pessoas sujeitas à disciplina da Administração Pública. Esta última observação – pessoas sujeitas à disciplina da Administração – é relevante e tem aumentado a incidência de cobrança desse conhecimento em provas de concurso.

É que uma distinção comumente apresentada entre o poder de polícia e o poder disciplinar é que aquele é um poder extroverso – é exercido para fora da Administração, sobre as atividades dos particulares – enquanto este se refere à disciplina interna. Essa noção, que está correta, não nos deve levar à conclusão de que somente servidores públicos sujeitam-se ao poder disciplinar. Existe a possibilidade de que outras pessoas que, sem manter um vínculo profissional com a Administração e mesmo que não sejam agentes públicos, possam submeter-se a tal poder.

---

3. (FCC/TRE-PR/Analista Judiciário/Área Judiciária/2012) De acordo com Maria Sylvia Zanella Di Pietro, o poder regulamentar é uma das formas de expressão da competência normativa da Administração Pública. Referido poder regulamentar, de acordo com a Constituição Federal,

a) é competência exclusiva do Chefe do Poder Executivo, que também pode editar decretos autônomos, nos casos previstos.
b) admite apenas a edição de decretos executivos, complementares à lei.
c) compreende a edição de decretos regulamentares autônomos sempre que houver lacuna na lei.
d) admite a delegação da competência originária em caráter geral e definitivo.
e) compreende a edição de decretos autônomos e regulamentares, quando houver lacuna na lei.

Comentários

Como já expusemos, a professora Di Pietro (2010, p. 90) prefere a terminologia *poder normativo*, entendendo que o *poder regulamentar* seria apenas uma das expressões daquele, mas é comum que as expressões sejam utilizadas indistintamente em provas de concursos.

De qualquer forma, para a solução da questão, é necessário o conhecimento de que há previsão constitucional expressa quanto ao exercício desse poder. Transcrevemos (já alertando para a importância de conhecer estes dispositivos em razão da sua grande incidência em provas de concurso, inclusive de Direito Constitucional):

> Art. 84. Compete privativamente ao Presidente da República:
>
> (...)
>
> IV – sancionar, promulgar e fazer publicar as leis, bem como *expedir decretos e regulamentos para sua fiel execução;*
>
> VI – dispor, mediante decreto, sobre:
>
> *a)* organização e funcionamento da Administração federal, quando não implicar aumento de despesa nem criação ou extinção de órgãos públicos;
>
> *b)* extinção de funções ou cargos públicos, quando vagos.

Vale a advertência de Lucas Furtado (2012, p. 586), para quem o legislador constituinte teria cometido evidente equívoco terminológico, no inciso IV, ao dispor sobre a expedição de decretos e regulamentos. Isso porque, por meio do poder regulamentar são expedidos regulamentos. O decreto é apenas o veículo, o instrumento formal que contém o regulamento.

Feita essa observação, parece[8] correto afirmar que se admite o decreto autônomo no Brasil. O inciso IV, parte final, referir-se-ia mais precisamente ao decreto regulamentar, que vem buscar fundamento na lei e explicita-a, sem, contudo, criar obrigações novas no ordenamento. Já o decreto previsto no inciso VI poderia ser considerado autônomo no sentido de que decorre diretamente da Constituição, não dependendo a sua edição de prévia existência de lei a que refira imediatamente. Correta, portanto, a alternativa **a**.

---

[8] Dizemos que *parece correto* porque há ainda polêmica doutrinária sobre a admissibilidade de decretos autônomos no ordenamento brasileiro. Contudo, é assim que o tema tem sido abordado em concursos públicos. Sobre a polêmica, trazemos a exposição do professor Lucas Rocha Furtado (2012, p. 587-589):

"Dúvida constante em nossa doutrina consiste em saber se o regime constitucional vigente admite o chamado decreto autônomo, aquele que, diversamente do decreto regulamentar, não objetiva disciplinar a aplicação de nenhuma lei em especial. Hely Lopes Meirelles admite o uso do decreto autônomo como manifestação do poder regulamentar. Em sua definição, o ilustre autor afirma que 'o poder regulamentar é faculdade de que dispõem os chefes do Executivo de explicitar a lei para sua correta execução, ou de expedir decretos autônomos sobre matéria de sua competência ainda não disciplinada em lei'. Em lado oposto, Celso Antônio Bandeira de Mello conceitua regulamento como 'ato geral e (de regra) abstrato, de competência privativa do Chefe do Executivo, expedido com a estrita finalidade de produzir as disposições uniformizadoras necessárias à execução de lei cuja aplicação demanda atuação da Administração Pública'.

Vê-se que o tema não é de fácil solução.

(...)

Em razão do exposto, admitimos a adoção em nosso regime jurídico do decreto autônomo, cuja origem é o poder normativo do Estado, e não o poder regulamentar.

A demonstração de que o decreto autônomo é compatível com nosso regime jurídico consta de modo expresso no texto constitucional que, em seu art. 84, VI, confere competência ao Presidente da República (...). O dispositivo constitucional acima mencionado cria excepcionalidade em nosso sistema normativo. A dificuldade não reside na possibilidade de ser editado decreto autônomo, mas em admitir que possa revogar lei: para criar cargo, emprego ou função, é necessária a aprovação de lei (CF, art. 48, X); para extinguir cargo ou função, quando vagos, basta a edição de decreto (CF, art. 84, VI, *b*)."

Nessa alternativa, alguma dúvida pode surgir em relação ao emprego da expressão *exclusiva* para referir-se à competência do Presidente da República para exercício do poder regulamentar. Cabe, desde logo, desmitificar a noção de que, no texto constitucional, haja diferenças entre elas, no sentido de que competências *privativas* são delegáveis e competências *exclusivas* são indelegáveis. Talvez a utilização das expressões nesse sentido tivesse sido mais precisa, mas essa não foi a solução adotada pelo legislador constituinte, que, não raras vezes, emprega as palavras sem distinção. O melhor exemplo é verificado na comparação entre os arts. 61, § 1º, e 63, I:

> Art. 61. A iniciativa das leis complementares e ordinárias cabe a qualquer membro ou Comissão da Câmara dos Deputados, do Senado Federal ou do Congresso Nacional, ao Presidente da República, ao Supremo Tribunal Federal, aos Tribunais Superiores, ao Procurador-Geral da República e aos cidadãos, na forma e nos casos previstos nesta Constituição.
> § 1º São de *iniciativa privativa* do Presidente da República as leis que (...)
> Art. 63. Não será admitido aumento da despesa prevista:
> I – nos projetos de *iniciativa exclusiva* do Presidente da República, ressalvado o disposto no art. 166, §§ 3º e 4º.

Vê-se que o próprio texto constitucional emprega a expressão *exclusiva* para referir-se à competência antes denominada *privativa*. Há outros exemplos a demonstrar que não se pode concluir que determinada competência constitucionalmente prevista é delegável somente porque o texto a nomina privativa.[9] Assim, a delegabilidade das competências do Presidente não decorre da denominação *privativa*, mas da previsão, no parágrafo único do art. 84, que autoriza a delegação das competências previstas nos incisos VI, XII e XXV, primeira parte.

Assim, o fato de a assertiva chamar de exclusiva a competência para o exercício do poder regulamentar não a torna errada.

Por outro lado, pode a dúvida surgir sobre ser esta competência realmente privativa (ou exclusiva) do Chefe do Poder Executivo. Afinal, a edição do decreto autônomo (CF, art. 84, VI) é delegável, além de que há exercício de poder normativo no âmbito das agências reguladoras, por exemplo. Ocorre que a

---

9 Veja-se, por exemplo, as competências exclusivas do Congresso (art. 49), e privativas da Câmara (art. 51) e Senado (art. 51). Apesar de a Constituição Federal nominar estas como privativas, elas também são indelegáveis.

doutrina é tranquila em fazer essa afirmação de privatividade (e fica mais fácil entender a afirmação, fazendo-se a distinção entre poder regulamentar e poder normativo):

> O poder regulamentar é a faculdade de que dispõem os Chefes do Executivo (Presidente da República, Governadores e Prefeitos) de explicar a lei para sua correta execução, ou de expedir decretos autônomos sobre matéria de sua competência inda não disciplinada por lei. É um poder inerente e privativo do Chefe do Executivo (CF, art. 84, VI), e, por isso mesmo, indelegável a qualquer subordinado (MEIRELLES, 2010, p. 130).

> O poder regulamentar constitui uma das manifestações do poder normativo do Estado. O fundamento constitucional para o exercício desse poder é o art. 84, VI. Trata-se de competência privativa dos chefes do Executivo para expedir decretos que definam a fiel execução da lei. (FURTADO, 2012, p. 586).

A incorreção da alternativa **b** reside no fato de que é possível, como exposto, a veiculação também de decretos autônomos. Contudo, sua veiculação somente é possível nos casos previstos na Constituição, o que torna erradas as alternativas **c** e **e**.

Por fim, a alternativa **d** está errada porque o poder regulamentar refere-se à expedição de decretos para que, regulamentada a lei, ela seja fielmente executada; não tem pertinência com delegação.

4. **(Cespe/MP-PI/Analista Administrativo/2012)** No exercício do poder regulamentar, os chefes do Executivo não podem editar atos que contrariem a lei ou que criem direitos e obrigações que nela não estejam previstos, sob pena de ofensa ao princípio da legalidade.

Comentários

José dos Santos Carvalho Filho (2012, p. 55) explica que o poder regulamentar consiste em prerrogativa de direito público, pois pertinente a gestão dos interesses públicos, e tem natureza secundária (ou derivada), porque somente é exercido como forma de conferir exequibilidade a lei já existente. As leis, por outro lado, são espécies normativas primárias[10], porque decorrem diretamente da Constituição Federal, não devendo respeito à norma intermediária, senão ao próprio texto magno.

Nessa linha, visando apenas a explicitar a lei que ela seja executada fielmente, não podem os decretos regulamentares inovarem no ordenamento jurídico ou criarem obrigações não previstas na lei que regulamentam. Devem restringir-se aos limites impostos por ela, explicitá-la ou complementá-la sem ultrapassar os horizontes.

A esse respeito, Meirelles (2010, p. 132) ressalta que,

> sendo o regulamento, na hierarquia das normas, ato inferior à lei, não a pode contrariar, nem restringir ou ampliar suas disposições

Conveniente destacar, ainda, a lição de Gilmar Mendes (2007, p. 867-868) sobre o tema:

> A diferença entre lei e regulamento, no Direito brasileiro, não se limita à origem ou à supremacia daquela sobre este. A distinção substancial reside no fato de que a lei pode inovar originariamente no ordenamento jurídico, enquanto o regulamento não o altera, mas tão somente fixa as regras orgânicas e processuais destinadas a pôr em execução os princípios institucionais estabelecidos por lei, ou para desenvolver os preceitos constantes da lei, expressos ou implícitos, dentro da órbita por ele circunscrita, isto é, as diretrizes, em pormenor, por ela determinada.

Correta, portanto, a assertiva.

---

5. (FCC/TRE-SP/Técnico Judiciário/Área Administrativa/2012) O Governador do Estado editou decreto reorganizando a estrutura administrativa de determinada Secretaria de Estado. De acordo com a Constituição Federal, referido decreto é

a) ilegal, em face da violação ao princípio da legalidade.

b) legal, podendo contemplar a extinção de órgãos públicos e cargos vagos.

c) legal, desde que não implique aumento de despesa, nem criação ou extinção de órgãos públicos.

---

[10] Não apenas as leis, mas outras espécies normativas que derivam diretamente da Constituição e regulamentam-na diretamente são consideradas primárias. É o caso dos instrumentos previstos no art. 59 da CF (emenda à Constituição, lei ordinária, lei complementar, lei delegada, medida provisória, resoluções e decretos legislativos). É o caso também do decreto previsto no art. 84, VI, o decreto autônomo. Para Carvalho Filho (2012, p. 56), também os "atos regulamentares" expedidos pelo CNJ (art. 103-B, § 4º, I) e pelo CNMP (art. 130-A, § 2º, I) seriam exemplos de atos de natureza primária, pois buscam fundamento direto na Constituição.

d) ilegal, eis que nosso ordenamento jurídico não admite regulamento autônomo para matéria de organização administrativa.
e) legal apenas se decorrente de delegação expressa do Poder Legislativo, passando referido ato a ter força de lei formal.

Comentários

A norma constitucional que autoriza o Presidente da República a

> dispor mediante decreto sobre organização e funcionamento da Administração Federal, quando não implicar aumento de despesa nem criação ou extinção de órgãos públicos (CF, art. 84, VI, *a*)

é extensível ao Governador de Estado quanto à Administração estadual. Assim, se o governador organiza determinada secretaria sem que isso implique aumento de despesa nem criação ou extinção de órgãos públicos, está agindo em conformidade com a Constituição e dentro da legalidade. Daí porque a alternativa **c** é correta e já ficam afastadas as alternativas **b** e **d**.

Ao contrário do disposto na alternativa **a**, não há violação ao princípio da legalidade, já que a Constituição autoriza expressamente o chefe do Poder Executivo a dispor mediante decreto sobre o tema.

Pelo mesmo motivo, não há falar em necessidade de delegação pelo Poder Legislativo, o que revela a incorreção da alternativa **e**.

6. **(Ceperj/Procon-RJ/Advogado/2012)** A Administração Pública organiza-se de forma escalonada. Quando determinado órgão detém a possibilidade de avocação de processos administrativos, encontra-se diante do poder
a) eficiente.
b) moralizador.
c) hierárquico.
d) razoável.
e) regulamentar.

Comentários

É o poder hierárquico que enseja a organização escalonada da Administração. É conveniente observar que a hierarquia é necessária e inerente à Administração. Tanto é assim que Di Pietro (2010, p. 95) chega a afirmar que

> a organização administrativa é baseada em dois pressupostos fundamentais: a distribuição de competências e a hierarquia.

A organização da Administração em sistema hierarquizado torna possível a distribuição da legitimidade democrática – que somente os governantes recebem por eleição – a todas as esferas administrativas.

Na definição de Hely Lopes Meirelles (2010, p. 124), poder hierárquico é o de que dispõe o Executivo para distribuir e escalonar as funções de seus órgãos, ordenar e rever a atuação de seus agentes, estabelecendo a relação de subordinação entre os servidores do seu quadro de pessoal.

Vale a ressalva de que não é correto dizer que somente o Poder Executivo dispõe do poder hierárquico. A hierarquia é inerente à função administrativa. Assim, mesmo nos Poderes Legislativo e Judiciário, quando no exercício de atividades meramente administrativas (e sabemos que eles o fazem atipicamente), a hierarquia também estará presente. Há, então, também nesses Poderes, órgãos administrativos com organização hierárquica.

A possibilidade de avocação de competências também é uma decorrência do poder hierárquico.

Furtado (2012, p. 574) expõe que

> no exercício do poder hierárquico, os agentes lotados nas unidades superiores têm competência, em relação aos agentes lotados em unidades inferiores, para: 1. dar ordens; 2. rever atos; 3. avocar atribuições; 4. delegar competência; e 5. fiscalizar.

Nesse mesmo sentido, o art. 15 da Lei nº 9.784/1999 – a qual regula o processo administrativo no âmbito da Administração Pública Federal – prevê que "será permitida, em caráter excepcional e por motivos relevantes devidamente justificados, a avocação temporária de competência atribuída a órgão hierarquicamente inferior".

---

7. **(Funcab/MP-RO/Técnico Administrativo/2012)** Do sistema hierárquico na Administração decorrem alguns efeitos específicos, entre os quais não se inclui:
a) poder de comando dos agentes superiores.
b) poder de fiscalização das atividades desempenhadas por agentes subordinados.
c) poder de revisão dos atos praticados por agentes subordinados.

d) poder de delegação de funções genéricas e comuns da Administração.√

e) poder de polícia a fim de assegurar conveniente proteção aos interesses públicos.

Comentários

Já vimos que poder hierárquico enseja o escalonamento das funções dos órgãos, bem como a ordenação e a revisão (fiscalização) das atividades dos agentes hierarquicamente inferiores, inclusive com poder de comando, delegação e avocação de competências.

A professora Maria Sylvia Zanella (2010, p. 95-96) expõe diversos poderes decorrentes da hierarquia:

> 1. o de editar atos normativos (resoluções, portarias, instruções), com o objetivo de ordenar a atuação dos órgãos subordinados; trata-se de atos normativos de efeitos apenas internos e, por isso mesmo, inconfundíveis com os regulamentos; são apenas e tão somente decorrentes da relação hierárquica, razão pela qual não obrigam pessoas estranhas;
>
> 2. o de dar ordens aos subordinados, que implica o dever de obediência, para estes últimos, salvo para as ordens manifestamente ilegais;
>
> 3. o de controlar a atividade dos órgãos inferiores, para verificar a legalidade de seus atos e o cumprimento de suas obrigações, podendo anular os atos ilegais e revogar os inconvenientes ou inoportunos, seja *ex officio*, seja mediante provocação dos interessados, por meio de recursos hierárquicos;
>
> 4. o de aplicar sanções em caso de infrações disciplinares;
>
> 5. o de avocar atribuições, desde que estas não sejam de competência exclusiva do órgão subordinado;
>
> 6. o de delegar atribuições que não lhe sejam privativas.

Fácil ver, portanto, que os efeitos previstos nas alternativas **a**, **b**, **c** e **d** são decorrentes do poder hierárquico.

O poder de polícia (alternativa **e**) é que nada tem a ver com o poder hierárquico. O poder hierárquico é exercido no âmbito interno da Administração e com relação às pessoas que a integram. O poder de polícia – que não encontra fundamento no poder hierárquico, mas na supremacia do interesse público – é extroverso. É exercido limitando os interesses dos particulares.

Já que o poder de polícia não se inclui entre os efeitos do poder hierárquico, tem-se aí o gabarito da questão.

8. **(Cespe/Assembleia Legislativa-CE/Analista/Direito/2011)** A revisão hierárquica somente será possível enquanto o ato não se tornar definitivo para a Administração.

Comentários

O poder de *rever*, decorrente do poder hierárquico, implica a possibilidade de apreciar os atos de inferiores hierárquicos em todos os seus aspectos, tanto de legalidade quanto de conveniência e oportunidade e pode ensejar, conforme o caso, anulação ou revogação do ato.

Contudo, em busca de segurança jurídica, é necessário que haja algum tipo de limitação a essa possibilidade, já que dos atos administrativos podem decorrer direitos e situações de vantagens para o particular e criar uma legítima expectativa de quais direitos sejam mantidos.

Com base nesses preceitos é que a Lei nº 9.784/1999 prevê, em seu art. 54, que

> o direito da Administração de anular os atos administrativos de que decorram efeitos favoráveis para os destinatários decai em cinco anos, contados da data em que foram praticados, salvo comprovada má-fé.

Fica estabelecida, então, uma limitação temporal para essa possibilidade de revisão dos atos administrativos.

Especificamente quanto à revisão hierárquica, a resposta à presente questão é colhida nas lições de Hely Lopes Meirelles (2010, p. 126), que afirma uma limitação genérica à revisão, nos seguintes termos:

> A revisão hierárquica é possível enquanto o ato não se tornou definitivo para a Administração, ou não criou direito subjetivo para o particular, isto é, não fez nascer para o destinatário um direito oponível à Administração.

Portanto, a assertiva está correta.

9. **(FCC/TRE-TO/Técnico Judiciário/2011)** Sobre o poder hierárquico, é correto afirmar:

a) É possível a apreciação da conveniência e da oportunidade das determinações superiores pelos subalternos.

b) Em geral, a responsabilidade pelos atos e medidas decorrentes da delegação cabe à autoridade delegante.

c) As determinações superiores - com exceção das manifestamente ilegais –, devem ser cumpridas; podem, no entanto, ser ampliadas ou restringidas pelo inferior hierárquico.

d) Rever atos de inferiores hierárquicos é apreciar tais atos em todos os seus aspectos, isto é, tanto por vícios de legalidade quanto por razões de conveniência e oportunidade.

e) A avocação de ato pelo superior não desonera o inferior da responsabilidade pelo mencionado ato.

Comentários

A alternativa **d** está correta. Como vimos na questão anterior, a revisão de atos praticados pelos inferiores hierárquicos autoriza a apreciação em todos os aspectos, abrangendo legalidade e mérito.

Quanto às alternativas **a** e **c**, estão erradas porque o inferior hierárquico tem reduzida margem de poder decisório no que se refere às determinações de seus superiores. Como expusemos nas questões anteriores, a existência de hierarquia na Administração não é despropositada; ela é necessária para que a Administração possa atuar de maneira ordenada em busca da concretização dos objetivos do governo.

Nessa linha, não cabe ao inferior hierárquico questionar o mérito do ato, pretendendo avaliar sua conveniência e oportunidade. Também não lhe cabe ampliar ou restringir as determinações do superior, apenas segui-las à risca. O inferior somente não estará obrigado a submeter-se a ordens manifestamente ilegais.

Transcrevem-se as palavras de Meirelles (2010, p. 125) sobre o tema:

> Pela hierarquia se impõe ao subalterno a estrita obediência das ordens e instruções legais superiores e se define a responsabilidade de cada um. As determinações superiores devem ser cumpridas fielmente, sem ampliações ou restrições, a menos que sejam manifestamente ilegais. No tocante a essa questão, a doutrina não é uniforme, mas o nosso sistema constitucional, como o declarar que “ninguém será obrigado a fazer ou deixar de fazer alguma coisa senão em virtude lei”, torna claro que o subordinado não pode ser compelido, pelo superior, a praticar ato evidentemente ilegal. O respeito hierárquico não vai ao ponto de suprimir do subalterno, o senso do legal e do ilegal, do lícito e do ilícito, do bem e do mal. Não o transforma em autômato executor de ordens superiores. Permite-lhe raciocinar e usar de sua iniciativa no

> tocante ao desempenho de suas atribuições, e nos restritos limites de sua competência. Daí não lhe ser lícito discutir ou deixar de cumprir ordens senão quando se apresentarem manifestamente ilegais. Somente as que se evidenciarem, ao senso comum, contrárias ou sem base na lei é que permitem ao subalterno recusar-lhes cumprimento.
>
> A apreciação da conveniência e da oportunidade das determinações superiores refoge das atribuições meramente administrativas e, por isso, escapa da órbita de ação dos subalternos.

A Lei nº 8.112/1990 – Estatuto dos Servidores Públicos Federais – aponta no mesmo sentido ao definir como um dos deveres do servidor o cumprimento das ordens superiores, exceto quando manifestamente ilegais (art. 116. IV).

A delegação e a avocação de competências também são possíveis em razão da hierarquia administrativa[11]. Contudo, há uma regra geral: o ato será considerado pela autoridade ou agente que efetivamente o praticou, que detém a competência naquele momento específico, mesmo que não seja o seu titular originário.

Incorreta, portanto, a alternativa **b**, já que, em geral, a responsabilidade pelos atos decorrentes da delegação cabe à autoridade delegatária, àquele que pratica o ato. É certo que há situações que justificarão a responsabilidade do delegante, como na hipótese de delegação de competência que, por determinação legal, não poderia ser delegada. Contudo, a regra geral é de responsabilização do agente que exerce a competência, tanto que o art. 14, § 3º, da Lei nº 9.784/1999 prevê que "as decisões adotadas por delegação devem mencionar explicitamente esta qualidade e considerar-se-ão editadas pelo delegado".

Nessa mesma linha, também incorreta a alternativa **e**, já que a avocação desonera o inferior, o qual não poderia ser responsabilizado pela prática de um ato que não pode controlar, uma vez que a própria avocação, sempre decorrente da hierarquia, não é algo que o inferior possa evitar quando determinada pelo superior.

> Pela avocação substitui-se a competência do inferior pela do superior hierárquico, com todas as consequências dessa substituição, notadamente a deslocação do juízo ou da instância para ajustá-lo ao da autoridade avocante em caso de demanda. Assinale-se, também que a vocação desonera o inferior de toda a responsabilidade pelo ato avocado pelo superior. (MEIRELLES, 2010, p. 126).

---

[11] Pertinente a observação de que a delegação não depende necessariamente da existência de relação hierárquica. Nos termos do art. 12 da Lei nº 9.784/1999, é possível a delegação a outros órgãos ou titulares, mesmo que não sejam subordinados do delegante, quando for conveniente, em razão de circunstâncias de índole técnica, social, econômica, jurídica ou territorial. Já a avocação, conforme o art. 15 da mesma lei, depende sempre de hierarquia.

10. **(Cespe/MP-PI/Analista Administrativo/2012)** Como resulta do sistema hierárquico, o poder disciplinar existe no âmbito do Poder Executivo, mas não no dos Poderes Legislativo e Judiciário, nos quais não há relações de hierarquia ou de subordinação.

Comentários

De fato, o poder disciplinar resulta do poder hierárquico. São poderes que não se confundem, mas andam juntos, por serem os sustentáculos de toda a organização administrativa. (MEIRELLES, 2010, p. 124).

Apesar de válida essa associação entre o poder hierárquico e o poder disciplinar, a assertiva faz uma enganosa ilação baseada no fato de que não há hierarquia no exercício das funções típicas dos Poderes Judiciário e Legislativo.

Nas funções típicas do Poder Judiciário e do Poder Legislativo, não existe a hierarquia da forma como conhecida e experimentada pela Administração Pública. Há lá uma distribuição de competências que não depende de relação hierárquica, no sentido de que, mesmo os órgãos que reveem a atuação de outros não têm poderes para determinar que estes ajam de determinada forma.

Di Pietro (2010, p. 97) explica e exemplifica:

> Nos Poderes Judiciário e Legislativo não existe hierarquia no sentido de relação de coordenação e subordinação, no que diz respeito às suas funções institucionais. No primeiro, há uma distribuição de competências entre instâncias, mas uma funcionando com independência em relação à outra; o juiz da instância superior não pode substituir-se ao da instância inferior, nem dar ordens ou revogar e anular os atos por este praticados. Com a provação da Reforma do Judiciário pela Emenda Constitucional nº 45/2004, cria-se uma hierarquia parcial entre o STF e todos os demais órgãos do Poder Judiciário, uma vez que suas decisões sobre matéria constitucional, quando aprovadas como súmulas [vinculantes], nos termos do art. 103-A, introduzido na Constituição, terão vinculante para todos. O mesmo ocorrerá com as decisões definitivas proferidas em ações diretas de inconstitucionalidade e nas ações declaratórias de constitucionalidade de lei ou ato normativo federal ou estadual (art. 102, § 2º). No Legislativo, a distribuição de competências entre Câmara e Senado também se faz de forma que haja absoluta independência funcional entre uma e outra Casa do Congresso.

Contudo, o Judiciário e o Legislativo também exercem a função administrativa. E, para o exercício dessa função, mantêm organização administrativa que reproduz o mesmo modelo do Poder Executivo. Afinal, os órgãos daqueles Poderes também realizam concursos públicos e licitações, concedem férias a seus servidores, demitem-nos, entre outros. Assim, a hierarquia também está presente nessa organização administrativa, bem como está presente o exercício do poder disciplinar.

É incorreta, portanto, a assertiva.

11. (FCC/TCE-AP/Técnico de Controle Externo/2012) Submetem-se ao poder disciplinar da Administração:

a) servidores submetidos ao regime estatutário e servidores ocupantes de emprego público.
b) funcionários públicos, exclusivamente.
c) particulares que atuam em setores considerados de interesse público.
d) as entidades da Administração indireta, em face da tutela exercida pelo ente instituidor.
e) os administrados, em face do poder da Administração de limitar a atuação privada em prol do interesse coletivo.

Comentários

É tranquila a doutrina em afirmar que o poder disciplinar da Administração submete servidores públicos e demais pessoas sujeitas à disciplina administrativa, como adiantamos no início do capítulo. Assim, não são somente os servidores ou empregados públicos que terão as suas infrações apuradas e eventualmente punidas pela Administração.

Existe a possibilidade de que, mesmo sem vínculo profissional com a Administração ocorra tal sujeição, que se impõe sobre contratantes e sobre alunos de escolas e universidades públicas, por exemplo, porquanto assumiram compromissos diante de regime jurídico de direito público.

De qualquer forma, essa percepção não afasta o acerto da afirmação de que o poder disciplinar é exercido internamente, no âmbito da Administração. No caso dos alunos de uma escola pública, por exemplo, embora não sejam agentes públicos, tampouco prestem serviços públicos, eles, de alguma forma se associam, submetendo-se a ela. Por isso, estão incorretas as alternativas **b**, **c** e **e**.

Particulares, mesmo que atuem em setores considerados de interesse, somente se submeterão ao poder disciplinar se estabelecerem algum tipo de vínculo que o imponha.

As entidades da Administração indireta também não se submetem a regime disciplinar perante a Administração, até porque, como estudamos no capítulo referente à organização da Administração, não há hierarquia entre uma e outra.

Inevitável afirmar o acerto da alternativa **a**.

12. **(FCC/TRE-CE/Técnico Judiciário/Área Administrativa/2012)** No que diz respeito ao poder disciplinar, a apuração regular de infração disciplinar e a motivação da punição disciplinar são, respectivamente,

a) indispensável para a legalidade da punição interna da Administração e prescindível para a validade da pena, em razão da discricionariedade do poder disciplinar.

b) faculdade da Administração Pública, em razão da discricionariedade presente no poder disciplinar e imprescindível para a validade da pena.

c) indispensável para a legalidade da punição interna da Administração e imprescindível para a validade da pena.

d) faculdade da Administração Pública, em razão da discricionariedade presente no poder disciplinar e prescindível para a validade da pena, vez que a motivação tanto pode ser resumida, como suprimida em alguns casos.

e) dispensável para a aplicação de penalidade, se houver prova contundente acerca do cometimento da infração e imprescindível para a validade da pena.

Comentários

Tanto a regular apuração da pena, inclusive com direito à ampla defesa e contraditório, quanto a sua devida fundamentação são requisitos para que a pena seja considerada válida.

Na questão, foram utilizadas as mesmas expressões empregadas por Hely Lopes Meirelles (2010, p. 129) ao tratar do tema:

> A apuração regular da falta disciplinar é indispensável para a legalidade da punição interna da Administração. O discricionarismo do poder disciplinar não vai ao ponto de permitir que o superior hierárquico puna arbitrariamente o subordinado. Deverá, em primeiro lugar, apurar

> a falta, pelos meios legais compatíveis com a gravidade da pena a ser imposta, dando-se oportunidade de defesa ao acusado.
> (...)
> A motivação da punição disciplinar é sempre imprescindível para a validade da pena. Não se pode admitir como legal a punição desacompanhada de justificativa da autoridade que a impõe. Até aí não vai a discricionariedade do poder disciplinar. O discricionarismo do poder disciplinar circunscreve-se à escolha da penalidade dentre as várias possíveis, à graduação da pena, à oportunidade e à conveniência de sua imposição. Mas, quanto à existência da falta e aos motivos em que a Administração embasa a punição, não podem ser omitidos ou olvidados no ato punitivo.

Correta, portanto, a alternativa **c**.

Vale ressaltar que as afirmações do autor sobre a existência de discricionariedade no poder disciplinar é discricionário. O exercício do poder vinculado, devendo o superior que tem notícia do cometimento de infração proceder às medidas para sua apuração e eventual punição. A aplicação da pena apresenta-se como poder-dever. Tanto é assim que a lei penal considera crime a condescendência ao administrador em relação ao inferior infrator. A discricionariedade a que se refere o autor consiste em que

> o administrador, no seu prudente critério, tendo em vista os deveres do infrator em relação ao serviço e verificando a falta, aplicará a sanção que julgar cabível, oportuna e conveniente dentre as que estiverem enumeradas em lei ou regulamento para a generalidade das infrações administrativas. (MEIRELLES, 2010, p. 128).

---

13. (FCC/TRE-PR/Analista Judiciário/Área Judiciária/2012) Considerando que sejam atributos do poder de polícia a discricionariedade, a coercibilidade e a autoexecutoriedade, da qual são desdobramentos a exigibilidade e a executoriedade, é correto afirmar:

a) A discricionariedade está presente em todos os atos emanados do poder de polícia.
b) A exigibilidade compreende a necessidade de provocação judicial para adoção de medidas de polícia.
c) A autoexecutoriedade prescinde da coercibilidade, que pode ou não estar presente nos atos de polícia.

d) A coercibilidade traduz-se na caracterização do ato de polícia como sendo uma atividade negativa, na medida em que se presta a limitar a atuação do particular.
e) O poder de polícia pode ser exercido por meio de atos vinculados ou de atos discricionários, neste caso quando houver certa margem de apreciação deixada pela lei.

Comentários

O poder de polícia ganha especial relevo no Direito Administrativo, observando-se que quando se verifica que em uma perspectiva histórica

> as duas principais funções administrativas do Estado podem ser divididas em: 1. atividade prestacional, cujo objetivo é pôr à disposição da população utilidades; e 2. atividade de polícia, ou ordenadora, cujo propósito é intervir, ordenar ou limitar as atividades dos particulares. (FURTADO, 2012, p. 550).

Como exposto nas primeiras linhas do presente capítulo, pode ser definido como o poder de que dispõe a Administração Pública para condicionar e restringir o uso de bens, atividades e direitos individuais, em benefício da coletividade ou do próprio Estado. Encontra-se um conceito para o poder de polícia também com expressão legal. Em semelhante sentido ao conceito doutrinário, o art. 78 do Código Tributário Nacional dispõe o seguinte:

> Art. 78. Considera-se poder de polícia atividade da Administração Pública que, limitando ou disciplinando direito, interêsse ou liberdade, regula a prática de ato ou abstenção de fato, em razão de intêresse público concernente à segurança, à higiene, à ordem, aos costumes, à disciplina da produção e do mercado, ao exercício de atividades econômicas dependentes de concessão ou autorização do Poder Público, à tranqüilidade pública ou ao respeito à propriedade e aos direitos individuais ou coletivos.

Vale ressaltar de plano que os atos decorrentes do exercício do poder de polícia estatal são atos administrativos, de modo que não desbordam dos contornos básicos gerais desse tipo de ato – inclusive no que se refere aos seus elementos (ou requisitos) e a possibilidade de seu controle –, mas com determinadas particularidades características do exercício desse poder. Entre tais particularidades, destacam-se os chamados atributos do poder de polícia.[12]

Além de ser uma atividade negativa (no sentido de que limita e restringe atividades), é comum que sejam atribuídos ao poder de polícia os atributos da discricionariedade, da autocoercibilidade e da autoexecutoriedade.

"Quanto à discricionariedade, embora esteja presente na maior das medidas de polícia, nem sempre isso ocorre", uma vez que em certas hipóteses, "a lei já estabelece que, diante de determinados requisitos, a Administração terá que adotar solução previamente estabelecida, sem qualquer possibilidade de opção". (DI PIETRO, 2010, p. 119).

Nessa esteira, está incorreta a alternativa **a**. Embora a discricionariedade seja, sim, um dos atributos do poder de polícia, não se pode afirmar que ela esteja presente em todos os atos.

Exemplo muito claro disso se verifica na concessão de licenças - como a licença para dirigir. Uma vez que o administrado interessado reúna os requisitos para portar a licença, não há qualquer margem de liberdade para a Administração, que está obrigada a concedê-la. Correta, portanto, a alternativa **e**, já que, de fato, o poder de polícia pode se manifestar tanto por atos discricionários quanto por atos vinculados.

A autoexecutoriedade significa que os atos de polícia podem ser postos em prática independentemente de autorização judicial. É assim justamente porque

> os interesses coletivos defendidos frequentemente não poderiam, para eficaz proteção, depender das demoras resultantes do procedimento judicial, sob pena de perecimento dos valores sociais resguardados através das medidas de polícia. (MELLO, 2008, p. 829).

Alguns autores sustentam, como previsto no comando da questão, que esse atributo subdivide-se em dois: executoriedade e exigibilidade. O primeiro significa que a ação pode agir de ofício, compelindo o particular a acatar suas determinações. Faz-se presente, por exemplo, quando a autoridade administrativa

[12] Sobre o tema, embora o posicionamento não seja o mais aceito em provas de concurso, é interessante conferir a lição de Lucas Rocha Furtado (2012, p. 558), que é contrário à afirmação de que o poder de polícia tenha atributos distintos: "Em razão do poder de polícia se exteriorizar por meio de atos administrativos, não vemos qualquer razão para estabelecer para a polícia administrativa atributos distintos dos indicados para os atos administrativos (...).
A polícia administrativa é uma das atividades desenvolvidas pelo Estado; o ato administrativo é o meio pelo qual essa atividade se manifesta. Ou seja, a atividade de polícia administrativa deve observar os elementos e o regime jurídico dos atos administrativos porque é por meio deles que se manifesta, inclusive em relação aos seus atributos e requisitos de validade".

dissolve uma reunião ou apreende alimentos impróprios para o consumo humano. Já a exigibilidade tem lugar quando não é possível compelir diretamente o particular a determinada atuação. Nesse caso,

> a Administração se vale de meios indiretos de coação. Cite-se como exemplo, a multa; ou a impossibilidade de licenciamento do veículo enquanto não pagas as multas de trânsito. (DI PIETRO, 2010, p. 120).

Em qualquer caso, quando se fala em executoriedade ou exigibilidade está-se no âmbito da autoexecutoriedade, que trata da desnecessidade de recorrer-se às vias judiciais para que a Administração exerça o poder de polícia. Incorreta, portanto, a alternativa **b**.

Observe-se que, no exemplo, a multa e o impedimento de licenciamento consistem em meios indiretos para que o particular regularize a situação do veículo. Não significa que a multa, em si, possa ser executada pela Administração sem a participação do Poder Judiciário. Se o particular não sucumbe à multa como meio indireto e não recupera o carro, a Administração não tem como, sem recurso à imposição judicial, obrigar o particular a pagar a multa. Para receber os valores correspondentes, será necessário promover ação judicial. Daí a noção de que nem todo ato de polícia é autoexecutório, notadamente prestações pecuniárias devidas pelos administrados.

A coercibilidade, por sua vez, significa que o poder de polícia pode ser imposto até mesmo com o uso de força física, se necessário, não havendo possibilidade de escolha ao particular em submeter-se ou não ao poder de polícia. Por isso mesmo, está errada a alternativa **c**.

A coercibilidade é indissociável da autoexecutoriedade. O ato de polícia só é autoexecutório porque dotado de força coercitiva (DI PIETRO, 2010, p. 121).

Também incorreta a alternativa **d**, porquanto, embora seja correto afirmar que o poder de polícia é atividade negativa, não é precisamente nisso que reside a coercibilidade, mas na possibilidade de uso da força.

---

14. (FCC/TRE-CE/Técnico Judiciário/Área Administrativa2012) Analise as assertivas abaixo concernentes ao poder de polícia.

I. O poder de polícia só poderá reduzir os direitos individuais quando em conflito com interesses maiores da coletividade e na medida estritamente necessária à consecução dos fins estatais. V

II. Constituem meios de atuação do poder de polícia, dentre outros, repressivas, como, por exemplo, dissolução de reunião, interdição de at apreensão de mercadorias deterioradas.
III. A medida de polícia, quando discricionária, não esbarra em algumas limit ções impostas pela lei, como, por exemplo, no que concerne à competência e à finalidade.
IV. O poder de polícia tanto pode ser discricionário, como vinculado, ressaltando-se que ele é vinculado na maior parte dos casos.

Está correto o que se afirma apenas em
a) I, II e III.
b) II, III e IV.
c) I e IV.
d) III e IV.
e) I e II.

Comentários

O item I está correto. O poder de polícia se inclui nas situações que revelam o antagonismo típico do Direito Administrativo, sobre o qual Di Pietro (2010, p. 60) costuma apontar que pode ser definido em duas palavras: prerrogativas *x* sujeições. Se, de um lado, a Administração Pública precisa ser dotada de prerrogativas especiais para que possa alcançar suas finalidades, de outro, deve ela sujeitar-se às imposições da lei, respeitando direitos fundamentais dos atores da sociedade. Assim – e porque fundamentado na supremacia do interesse público –, o poder de polícia somente tem lugar para restringir direitos individuais se o interesse coletivo impõe como necessárias as restrições a serem feitas.

Ainda, por imposição do princípio da proporcionalidade, não há razão para que imponham limitações em medida superior àquela estritamente necessária para que a Administração alcance seus fins.

É também correto o item II. Diz-se que o poder de polícia tem como uma de suas características ser uma atividade negativa porque ele restringe e limita a atuação de particulares, ensejando imposições de não fazer. Dissolução de reunião, interdição de atividade e apreensão de mercadorias deterioradas são exemplos comuns do poder de polícia apresentados pela doutrina, principalmente tratando do atributo da autoexecutoridade.

Quanto ao item III: os atos de polícia são exercidos por meio de atos administrativos, de forma que é inevitável que obedeçam também aos preceitos

os atos administrativos, inclusive quanto aos requisitos de
.

n errado o item IV. A lição de Maria Sylvia Zanella Di Pie-
) é no sentido de que, ao contrário do que dispõe a asserti-
le polícia possa ter seu exercício vinculado (como no caso
ças), ele é vinculado na maior parte das vezes.

CAPÍTULO 4

Atos Administrativos

1. **(FCC/TRE-PR/Técnico Judiciário/Área Administrativa2012)** A literatura jurídica apresenta mais de um conceito para o ato jurídico, variando os critérios de acordo com as definições escolhidas. Afastando-se a conceituação meramente subjetiva, pode-se identificar, como componente da definição de ato administrativo, a característica de

a) somente poder ser editado por órgão integrante do Poder Executivo.

b) abranger atos legislativos, mesmo os proferidos pelo Poder Executivo.

c) poder ser editado por órgão integrante do Poder Executivo, do Poder Legislativo e do Poder Judiciário.

d) sujeitar-se a regime jurídico administrativo próprio, não se submetendo à lei.

e) não admitir qualquer controle judicial.

Comentários

De fato, a doutrina apresenta critérios diversos em busca da conceituação do ato administrativo. De qualquer forma, é possível apontar alguns traços comuns para responder sobre o tema em provas de concurso. Trata-se de *manifestação unilateral de vontade* da Administração Pública (ou, de alguma forma, dotado de suas prerrogativas, como concessionários de serviços públicos), sujeita a *regime de direito público*, que produz *efeitos imediatos*, sendo que a Administração age fazendo uso de suas *prerrogativas*, ou seja, do poder de império.

Pela importância que a obra da autora recebe não só na seara dos certames, é importante mencionar que Di Pietro inclui a possibilidade de controle judicial em seu conceito[13]. Já Celso Antônio Bandeira de Mello (2010, p. 221) evidencia que se trata de providências complementares à lei (ou infralegais), mas que é possível excepcionalmente a ocorrência de atos administrativos imediatamente infraconstitucionais. Pela incidência em concursos públicos, importa ainda res-

[13] "(...) pode-se definir o ato administrativo como a declaração do Estado ou de quem o represente, que produz efeitos jurídicos imediatos, com a observância da lei, sob regime jurídico de direito público e sujeita a controle pelo Poder Judiciário". (DI PIETRO, 2010, p. 196).

saltar que Meirelles (2010, p. 153) inclui em seu conceito a finalidade imediata do ato administrativo, que seria de

> adquirir, resguardar, transferir, modificar, extinguir e declarar direitos, ou impor obrigações aos administrados ou a si própria.

Estabelecidas essas premissas, vê-se que não é possível admitir como correta a alternativa **a**. Ocorre que afirmar que o ato administrativo é praticado pela Administração significa dizer praticado pelo Estado no exercício da função administrativa. Assim, é evidente que também o Poder Judiciário e o Poder Legislativo praticam atos administrativos, quando no exercício atípico de função administrativamente.[14] Revela-se, pois, o acerto da assertiva contida na alternativa **c**, gabarito da questão.

Disso já se extrai que, quando agindo em suas funções típicas, os Poderes Legislativo e Judiciário praticam respectivamente atos legislativos e jurisdicionais, os quais não se confundem com o ato administrativo. Nessa linha, ao afirmar que ato administrativo é declaração unilateral de vontade do Estado, Lucas Furtado (2012, p. 205), excetua expressamente "aquelas provenientes do exercício das funções judicial ou legislativa". Daí porque incorreta a alternativa **b**.

Quanto às alternativas **d** e **e**, conforme o exposto anteriormente, não restam dúvidas de que o ato administrativo sujeita-se a regime próprio. Contudo, tal regime é justamente definido em lei. Absurdo, portanto, afirmar que o ato não se submete. Como já foi discutido no capítulo referente aos princípios da Administração Pública, toda a atuação administrativa sujeita-se à lei, em razão do princípio da legalidade. Por isso mesmo, é admissível o controle judicial dos atos administrativos - que Di Pietro (2010, p. 192) inclui expressamente em seu conceito e que, como se verá adiante, deve ser um controle de legalidade, não do mérito.

2. **(Cespe/Assembleia Legislativa-CE/Analista/Direito/2011)** A emissão de cheque pela Administração Pública constitui ato administrativo.

Comentários

Nem sempre que a Administração atua, ela o faz valendo-se de suas prerrogativas próprias ou com todas as características definidoras do ato administrativo

[14] Sabe-se que a divisão de Poderes (ou função) preconizada pela Constituição em seu art. 2º não é estanque; não é absoluta. Pode-se afirmar genericamente que cada um dos Poderes exerce atipicamente funções típicas dos outros.

expostas acima. Fala-se, portanto, em *Atos da Administração*, gênero de que seriam espécie os atos administrativos. Nessa esteira, dentre os atos da Administração que não constituem atos administrativos, seria possível incluir diversas situações. Eis alguns desses atos expostos pela professora Di Pietro (2010, p. 191):

> 1. os atos de direito privado, como doação, permuta, compra e venda, locação;
>
> 2. os atos materiais da Administração, que não contêm manifestação de vontade, mas que envolvem apenas execução, como a demolição de uma casa, a apreensão de mercadoria, a realização de um serviço;
>
> (...)
>
> 4. os atos políticos, que estão sujeitos a regime jurídico-constitucional;
>
> 5. os contratos (...)[15]

Nessa linha de ideias, a emissão de um cheque pela Administração Pública é ato de direito privado, que não constitui ato administrativo, portanto, a questão está errada.

---

3. **(FCC/TRT 11ª Região/Analista Judiciário/Área Judiciária/2012)** Considere as seguintes assertivas concernentes ao tema discricionariedade e vinculação dos atos administrativos:
I. A fonte da discricionariedade é a própria lei; aquela só existe nos espaços deixados por esta.
II. No poder vinculado, o particular não tem direito subjetivo de exigir da autoridade a edição de determinado ato administrativo.
III. A discricionariedade nunca é total, já que alguns aspectos são sempre vinculados à lei.
IV. Na discricionariedade, a Administração Pública não tem possibilidade de escolher entre atuar ou não.

Está correto o que se afirma apenas em
a) I, II e III.
b) I e III.
c) I e IV.
d) II, III e IV.
e) II e IV.

---

[15] Deixamos de expor todo o rol apresentado pela professora citada em razão do pouco consenso sobre determinados atos que ela não considera atos administrativos propriamente ditos.

Comentários

Está correto o item I. A discricionariedade – já advertia Hely Lopes Meirelles (2010, p. 121) – não se confunde com arbitrariedade. Daí porque é errado supor que a lacuna ou a ausência de lei sejam os instrumentos criadores da liberdade de agir concedida ao administrador em que consiste a discricionariedade. Ao contrário, é a própria lei que autoriza e prevê essa margem de liberdade de ação, a qual pode surgir em algumas hipóteses, tais como: (i) a lei expressamente confere essa liberdade ao administrador. É o caso da pena de suspensão aplicável a servidor público federal que, injustificadamente, recusa-se a se submeter a inspeção médica determinada por autoridade competente. Ao definir que tal conduta ensejará suspensão de *até 15 dias*, o art. 130, § 1º, da Lei nº 8.112/1990 está oferecendo ao administrador liberdade para escolher dentro da margem definida, de um a quinze dias; (ii) a lei utiliza os chamados *conceitos jurídicos indeterminados*, os quais, pela sua própria natureza, concedem ao administrador espaço para interpretação e decisão subjetiva.

> São conceitos que, *por não terem exatidão em seu sentido*, permitem que o intérprete ou aplicador possa atribuir certo significado, mutável em função da valoração que se proceda diante dos pressupostos da norma (CARVALHO FILHO, 2012, p. 54).

É o que ocorre com expressões do tipo *bons costumes, ordem pública, interesse público, bem de valor artístico, procedimento irregular*, entre outros; (iii) a lei prevê determinada competência genérica, não estabelecendo a conduta a ser adotada. Por exemplo, uma previsão para prestação de serviços de saúde pelos entes federativos enseja o dever de que o administrador aja de modo a prestar serviço adequado, mas há discricionariedade em relação à forma de prestação.

De qualquer forma, importa ressaltar a conclusão de que é a própria lei que faz nascer a discricionariedade, que deve ser exercida nos limites impostos por ela.

Revela-se, então, a incorreção do item IV, porquanto essa liberdade de ação conferida pela lei pode eventualmente redundar em liberdade para escolher não agir. Se a lei determina que deva ser *objeto de valor artístico* e a Administração entende que determinado objeto não é dotado de tal valor, não praticará o ato de tombamento e deixará de agir.

Está correto, todavia, o item III, uma vez que, de fato, essa margem de liberdade conferida ao administrador pela lei nunca é total ou recai sobre todos os aspectos. Com relação aos elementos ou requisitos do ato administrativo – competência, finalidade, forma, motivo e objeto, que serão estudados em questões nas páginas seguintes –, há muito se defende que a competência, a forma e a finalidade são sempre vinculadas, ao passo que motivo e objeto podem ser discricionários. Atualmente, a doutrina vem apresentando maior flexibilidade para afirmar que a forma também pode ser discricionária.

De qualquer maneira, não restam dúvidas de que há elementos do ato que são sempre e inevitavelmente vinculados. Bandeira de Mello (2008, p. 422) explica:

> Já se tem reiteradamente observado, com inteira procedência, que não há ato propriamente discricionário, mas apenas discricionariedade por ocasião da prática de certos atos. Isto (*sic*) porque nenhum ato é inteiramente discricionário, dado que, conforme afirma a doutrina prevalente, será sempre vinculado com relação ao *fim* e à *competência*, pelo menos. Com efeito, a lei sempre indica, de modo objetivo, quem é competente com relação à prática do ato – e aí haveria inevitavelmente vinculação. Do mesmo modo, a finalidade do ato é sempre e obrigatoriamente um interesse público, donde afirmarem os doutrinadores que existe vinculação também com respeito a este aspecto.

No que se refere ao item II, ato vinculado é aquele em relação ao qual a lei já estabelece todos os seus elementos, não conferindo ao administrador qualquer margem de liberdade ou subjetividade na prática do ato. Em outras palavras, é aquele ato em relação ao qual a ocorrência do motivo (fundamentos de fato e de direito) vincula, obriga o legislador à realização do objeto. Imagine-se, por exemplo, a aposentadoria compulsória de servidor público, determinada pelo art. 40, § 1º, II, da Constituição. Se o servidor completa setenta anos de idade, a consequência inevitável para a Administração é aposentá-lo com proventos proporcionais. Não existe margem para atuação diversa, não há qualquer juízo de conveniência e oportunidade. Ocorrido o fato (advento da idade definida), não resta outra opção para a Administração senão realizar o objeto aposentadoria.

Assim, fica claro que, ao contrário do que dispõe o item, quando se está diante de exercício de poder vinculado (ou ato vinculado), o particular tem direito subjetivo a exigir que o ato seja praticado. No exemplo mencionado, se a Administração concede a aposentadoria ao servidor, ele poderá valer-se de meios judiciais, inclusive mandado de segurança, para exigir que o ato seja praticado.

Demonstrados corretos os itens I e III, mas incorretos os itens II e IV, o gabarito é a alternativa **b**.

4. **(FCC/TRT 6ª Região/Técnico Judiciário/Segurança/2012)** Dizer que um ato administrativo é discricionário significa que

a) foi editado com base na conveniência e oportunidade do administrador, não podendo ser objeto de controle de legalidade pelo Poder Judiciário.

b) depende de autorização legislativa para sua edição, admitindo, em razão da prévia fiscalização, apenas controle de constitucionalidade a cargo do Poder Judiciário.

c) permite análise de mérito e vinculação quanto à conveniência e oportunidade pelo Poder Judiciário e pelo Poder Legislativo.

d) afasta o controle de oportunidade e conveniência, admitindo apenas revogação nos casos de ilegalidade ou inconstitucionalidade patentes.

e) foi editado com base na conveniência e oportunidade conferida pela lei ao administrador, o que não dispensa a demonstração do interesse público, nem o controle de legalidade pelo Poder Judiciário.

Comentários

A respeito da discricionariedade, discorre a professora Di Pietro (2010, p. 212):

> Em outras hipóteses, o regramento não atinge todos os aspectos da atuação administrativa; a lei deixa certa margem de liberdade de decisão diante do caso concreto, de tal modo que a autoridade poderá optar por uma dentre várias soluções possíveis, todas válidas perante o Direito. Nesses casos, o poder da Administração é discricionário, porque a adoção de uma ou outra solução é feita segundo critérios de oportunidade, conveniência, justiça, equidade, próprios da autoridade, porque não definidos pelo legislador. Mesmo aí, entretanto, o poder de ação administrativa, embora discricionário, não é totalmente livre, porque, sob alguns aspectos, em especial a competência, a forma, e a finalidade, a lei impõe limitações. Daí porque se diz que a discricionariedade implica liberdade de atuação nos limites traçados pela lei; se a Administração ultrapassa esses limites, a sua decisão passa a ser arbitrária, ou seja, contrária à lei.

É justamente porque deve ser editado em conformidade com a lei e nos limites por ela definidos que o ato discricionário admite controle de legalidade pelo Poder Judiciário. A regra geral é a de que o Judiciário não pode substituir o juízo realizado pelo administrador em relação à análise do mérito (a verificação do juízo de conveniência e oportunidade para a prática do ato administrativo). Contudo, no que se refere aos aspectos de legalidade (e constitucionalidade), cabe controle judicial. Incorretas as alternativas **a**, **b** e **c**. Não se deve supor que a liberdade concedida pelo administrador seja absoluta ou possa se converter em arbitrariedade absoluta.

No que tange à alternativa **d**, realmente não cabe ao Poder Judiciário controlar a conveniência ou oportunidade relativa à sua prática. No entanto, somente é possível a *revogação* de atos administrativos válidos. Se o ato é inválido (apresenta vício de legalidade), cabe a sua anulação, que pode ser feita pela própria Administração ou pelo Poder Judiciário.

Ante o exposto, é correta a alternativa **e**. Ato discricionário é aquele praticado com base em juízo de conveniência e oportunidade, mas dentro da margem de liberdade conferida pela própria lei, cabendo ao administrador demonstrar que o ato realiza o interesse público (em última análise, que cumpre a lei), sendo possível o controle dos aspectos relacionados à legalidade pelo Poder Judiciário.

5. **(Cespe/Assembleia Legislativa-CE/Analista/Direito/2011)** O poder discricionário apenas poderá ser aplicado quando a lei expressamente conceder à Administração liberdade para atuar dentro de limites definidos.

Comentários

Como vimos nas questões anteriores, de fato a discricionariedade nasce de disposições, na da ausência de lei. É a própria lei que prevê e autoriza margem de liberdade na atuação administrativa. Isso não significa, contudo, que só há discricionariedade *expressamente*. Ao contrário, é possível que, mesmo implicitamente, a lei conceda margem de liberdade.

Quando a discricionariedade surge em razão do emprego dos chamados conceitos jurídicos indeterminados, não há afirmação expressa da margem de liberdade ao administrador. É a natureza do conceito que conduz à existência de certa liberdade, mesmo não tendo havido disposição expressa nesse sentido.

6. **(FCC/DPE-SP/Defensor Público/2012)** O ato administrativo que se encontra sujeito a termo inicial e parcialmente ajustado à ordem jurídica, após ter esgotado o seu ciclo de formação, é considerado

a) perfeito, válido e eficaz.
b) perfeito, inválido e ineficaz.
c) imperfeito, inválido e eficaz.
d) perfeito, válido e ineficaz.
e) imperfeito, inválido e ineficaz.

Comentários

Esta questão trabalha os chamados planos de perfeição (existência), validade eficácia dos atos administrativos.

Diz-se que um ato administrativo é perfeito quando ele já esgotou seu ciclo, quando ele já reúne todos os elementos necessários à sua formação. Nas palavras de José dos Santos Carvalho Filho (2012, p. 125),

> a formação do ato administrativo representa um processo que vai definindo os elementos que o compõem. Esse processo pode ser mais ou menos longo (...). O certo é que a perfeição do ato somente vai suceder quando se encerrar o seu ciclo de formação.

Observe que afirmar a perfeição do ato *não significa afirmar que ela não contenha nenhum vício* (o que será verificado na análise da validade). Significa apenas afirmar que se esgotou o seu ciclo de formação. Nessa linha, como o comando da questão evidencia que o ato hipotético esgotou seu ciclo de formação, trata-se de ato perfeito.

A validade, por sua vez, refere-se à conformidade do ato com as disposições legais. Em outras palavras, questionar se o ato válido é questionar se houve respeito à lei em cada um dos seus requisitos.

> Nessa ótica, portanto, os atos podem ser válidos ou inválidos. Aqueles são praticados com adequação às normas que o regem, ao passo que estes têm alguma dissonância em relação às mesmas normas. (CARVALHO FILHO, 2012, p. 127).

Segundo leciona Bandeira de Mello (2008, p. 380),

> o ato administrativo é válido quando editado com absoluta conformidade com as exigências do sistema normativo.

Ora, se o ato mencionado no comando na questão é apenas "parcialmente ajustado à ordem jurídica", trata-se de ato inválido.

Por fim,

> o ato administrativo é eficaz quando está disponível para a produção de seus efeitos próprios; ou seja, quando o desencadear de seus efeitos típicos não se encontra dependente de qualquer evento posterior, como uma condição suspensiva ou termo inicial ou ato controlador a cargo de outra autoridade. (MELLO, 2008, p. 381).

Se o ato hipotético da questão está *sujeito a termo inicial*, somente produzirá seus regulares efeitos após o advento desse termo inicial (momento definido para o início da eficácia). É, portanto, ineficaz.

Está-se, pois, diante de ato perfeito, inválido e ineficaz, o que aponta a alternativa **b** como correta.

Avançando no tema, vale observar que a perfeição é requisito para a validade e para a eficácia, ou seja, o ato somente pode ser válido e eficaz se for perfeito, se já existir, se já tiver esgotado seu ciclo de formação.

7. **(FGV/Sefaz-RJ/Analista de Controle Interno/2011)** Assinale a alternativa que contempla os elementos do ato administrativo.
a) habilitação, motivação, finalidade pública, legalidade e conteúdo.
b) competência, tutela, motivo, forma e vinculação.
c) forma, finalidade, vinculação e decisão.
d) competência, finalidade, forma, motivo e objeto.
e) habilitação, forma, tutela, motivo e decisão.

Comentários

Os elementos (ou requisitos) do ato administrativo são competência, finalidade, forma, motivo e objeto, apontando o acerto da alternativa **d**.

Sobre o tema, é interessante observar que a construção teórica a respeito de tais requisitos não é puramente doutrinária, ao contrário do que supõem alguns.

A Lei nº 4.717/1965 regula a ação popular – ação que tem previsão na atual Constituição[16] – definindo o procedimento da referida ação e os motivos que

[16] Art. 5º, LXXIII – qualquer cidadão é parte legítima para propor ação popular que vise a anular ato lesivo ao patrimônio público ou de entidade de que o Estado participe, à moralidade administrativa, ao meio ambiente e ao patrimônio histórico e cultural, ficando o autor, salvo comprovada má-fé, isento de custas judiciais e do ônus da sucumbência.

acarretam a nulidade de atos lesivos ao patrimônio de pessoas jurídicas de direito público.

Eis o art. 2º da lei em comento:

> Art. 2º São nulos os atos lesivos ao patrimônio das entidades mencionadas no artigo anterior, nos casos de:
>
> *a)* incompetência;
>
> *b)* vício de forma;
>
> *c)* ilegalidade do objeto;
>
> *d)* inexistência dos motivos;
>
> *e)* desvio de finalidade.
>
> *Parágrafo único.* Para a conceituação dos casos de nulidade observar-se-ão as seguintes normas:
>
> *a)* a incompetência fica caracterizada quando o ato não se incluir nas atribuições legais do agente que o praticou;
>
> *b)* o vício de forma consiste na omissão ou na observância incompleta ou irregular de formalidades indispensáveis à existência ou seriedade do ato;
>
> *c)* a ilegalidade do objeto ocorre quando o resultado do ato importa em violação de lei, regulamento ou outro ato normativo;
>
> *d)* a inexistência dos motivos se verifica quando a matéria de fato ou de direito, em que se fundamenta o ato, é materialmente inexistente ou juridicamente inadequada ao resultado obtido;
>
> *e)* o desvio de finalidade se verifica quando o agente pratica o ato visando a fim diverso daquele previsto, explícita ou implicitamente, na regra de competência.

Embora tenha havido, pelas discussões doutrinárias, algumas alterações em relação ao significado de cada um desses elementos, é dessa disposição legal que a doutrina colhe a definição dos cinco[17] requisitos do ato administrativo.

---

8. (Cespe/MP-PI/Analista Processual/2012) Um órgão administrativo e seu titular podem delegar parte de sua competência a outros órgãos ou titulares, desde que estes lhe sejam hierarquicamente subordinados.

[17] Vale a advertência de Alexandre Mazza (2011, p. 196), no sentido de que há uma corrente – que ele define como corrente moderna, capitaneada por Celso Antônio Bandeira de Mello, mas *ainda pouco adotada em concursos públicos*, que considera haver seis requisitos do ato administrativo: sujeito, motivo, requisitos procedimentais, finalidade, causa, formalização.

Comentários

No que se refere à competência, pode ser definida como o poder atribuído por lei ao agente para o exercício de suas funções. Como explica Furtado (2012, p. 209), falar em competência como requisito de validade do ato administrativo importa em exigir que a autoridade, órgão ou entidade administrativa que pratique o ato tenha recebido da lei a atribuição necessária à sua prática.

Sobre a competência - que parte da doutrina define como sujeito - um dos temas mais cobrados em concursos públicos atualmente refere-se à questão da delegação de competência, tomando por base principalmente as disposições da Lei nº 9.784/1999 a respeito.

Deve-se primeiro buscar uma solução para uma aparente contradição contida na lei. O art. 11 dispõe o seguinte:

> Art. 11. A competência é irrenunciável e se exerce pelos órgãos administrativos a que foi atribuída como própria, *salvo os casos de delegação e avocação legalmente admitidos.*

Ao afirmar que a competência se exerce pelos órgãos a que foi atribuída, salvo os casos de delegação legalmente admitidos, o dispositivo pode passar a impressão de que a delegação somente é possível quando *houver autorização legal*. No entanto, o art. 13 parece prever que a delegação de competência é genericamente autorizada e somente não será possível nos casos em que houver *impedimento legal*. Vejamos:

> Art. 12. Um órgão administrativo e seu titular poderão, *se não houver impedimento legal*, delegar parte da sua competência a outros órgãos ou titulares, ainda que estes não lhe sejam hierarquicamente subordinados, quando for conveniente, em razão de circunstâncias de índole técnica, social, econômica, jurídica ou territorial.

O art. 13 reforça esse segundo entendimento ao apresentar quais os casos em que não é possível a delegação:

> Art. 13. Não podem ser objeto de delegação:
>
> I – a edição de atos de caráter normativo;
>
> II – a decisão de recursos administrativos;
>
> III – as matérias de competência exclusiva do órgão ou autoridade.

Fica, então, o questionamento sobre ser legítima a delegação somente se houver autorização legal ou se a regra geral é a delegabilidade, de modo que a delegação só não poderia ocorrer nos casos vedados.

> A interpretação dos dois dispositivos leva à conclusão de que deve ser dada prevalência à regra contida no art. 12, no sentido de que, se não houver impedimento legal, a delegação é lícita. (FURTADO, 2012, p. 210)

Tratando especificamente da assertiva, ela está errada. Ocorre que a delegação – ao contrário da avocação de competência – não depende da existência de hierarquia. Conforme dispõe o art. 12 supratranscrito, em alguns casos, pode haver delegação de competência, mesmo para órgãos que não sejam subordinados, quando for conveniente em razão de circunstâncias de índole técnica, social, econômica, jurídica ou territorial.

9. (Instituto Cidades/TCM-GO/Analista de Controle Externo/Informática/2012) Entre os requisitos ou elementos essenciais à validade dos atos administrativos, o que mais condiz, com o atendimento da observância do princípio fundamental da impessoalidade, é o relativo

a) à competência.
b) à forma.
c) à finalidade.
d) à motivação.
e) ao objeto lícito.

Comentários

O princípio da impessoalidade impõe que a atuação administrativa se dê sem a concessão de privilégios injustificados, tampouco em busca de fins *pessoais*. E o agente não pode buscar finalidades pessoais justamente porque sua atuação é vinculada à finalidade pública, consubstanciada na lei. Tanto é assim que Meirelles (2010, p. 93) chega a afirmar que são sinônimos os princípios da finalidade e da impessoalidade:

> O princípio da impessoalidade, referido na Constituição de 1988 (art. 37, *caput*), nada mais é que o clássico princípio da finalidade, o

> qual impõe ao administrador público que só pratique o ato para seu fim legal. E o *fim legal* é unicamente aquele que a norma de Direito indica expressa ou virtualmente como objetivo do ato, de *forma impessoal*.

O gabarito, portanto, é a alternativa **c**.

10. (Cespe/Assembleia Legislativa/CE/Analista/Direito/2011) A remoção de servidor é considerada ato administrativo punitivo.

Comentários

A remoção de servidores públicos não é considerada um ato punitivo. Ela tem a finalidade de adequar a distribuição dos servidores (a força de trabalho) às necessidades da Administração. Quando se considera o estatuto dos servidores públicos federais, por exemplo, as penalidades são aquelas previstas no art. 127[18], o qual não contempla a remoção.Assim, caso o administrador se valha da remoção como forma de punir o servidor, estará incorrendo em desvi, já que não é esta a finalidade do ato.

A respeito, as lições de Lucas Rocha Furtado (2012, p. 213):

> Exemplo de desvio de finalidade sistematicamente apresentado pela doutrina pátria se verifica em remoções de servidores públicos.
>
> Nos termos do art. 36 da Lei nº 8.112/1990, remoção é "o deslocamento do servidor, a pedido ou de ofício, no âmbito do mesmo quadro, com ou sem mudança de sede", devendo a remoção de ofício ocorrer no interesse da Administração Pública. A remoção não pode ser utilizada como forma de punição de agente público, tenha ou não ele cometido infração funcional, mereça ou não ele ser punido. Se existem razões que justificam a punição, deve ser instaurado o devido processo disciplinar, e, comprovado o cometimento da infração, ser aplicada a sanção cabível, conforme indicado pelo art. 127 e seguintes da Lei nº 8.112/1990.

A assertiva, portanto, está incorreta.

[18] Art. 127. São penalidades disciplinares: I – advertência; II – suspensão; III – demissão; IV – cassação de aposentadoria ou disponibilidade; V – destituição de cargo em comissão; VI – destituição de função comissionada.

11. **(FCC/TRT 11ª Região/Analista Judiciário/Área Administrativa/2012)** O motivo do ato administrativo

a) não interfere na sua validade.

b) pode ser vinculado.

c) quando viciado, permite a sua convalidação.

d) se inexistente, acarreta a sua revogação.

e) é a exposição dos fatos e do direito que serviram de fundamento para a prática do ato.

Comentários

O motivo consiste na situação de fato e nos fundamentos de direito que autorizam (ou determinam a prática do ato e, como visto anteriormente, é um dos requisitos de validade do ato administrativo), o que, sem dúvida, interfere na sua validade, e revela a incorreção da alternativa **a**. Caso os motivos sejam inexistentes, o ato será nulo. Daí porque incorreta também a alternativa **d**. O ato inválido (nulo) não pode ser revogado pela Administração. Ele deve ser anulado.

Incorreta também a alternativa **c**. A convalidação é um ato que tem a finalidade de resguardar a segurança jurídica e consiste na superação, com efeitos retroativos, de um vício apresentado por ato administrativo. Nos termos do art. 55 da Lei nº 9.784/1999, os atos que apresentarem defeitos sanáveis poderão ser convalidados pela própria Administração, em decisão na qual se evidencie não acarretarem lesão ao interesse público nem prejuízo a terceiros. Resta investigar, então, quais são os vícios sanáveis, que admitem convalidação.

Conforme os ensinamentos de Maria Sylvia Zanella Di Pietro (2010, p. 248), são possíveis de convalidação vícios que recaiam sobre a competência – desde que não se trate de competência exclusiva – ou sobre a forma – desde que ela não seja essencial à validade do ato.

Vícios de motivo, finalidade e forma nunca admitem convalidação:

> Quanto ao motivo e à finalidade, nunca é possível a convalidação. No que se refere ao motivo, isto ocorre porque ele corresponde a situação de fato que ou ocorreu ou não ocorreu; não há como alterar, como efeito retroativo, uma situação de fato. Em relação à finalidade, se o ato foi pratica contra o interesse público ou com finalidade diversa da que decorre da lei, também não é possível a sua correção; não se pode corrigir um resultado que estava na intenção do agente que praticou o ato. O objeto ou conteúdo ilegal não é possível de convalidação.

Quanto à alternativa **e**, diferem motivo e motivação. Motivo do ato administrativo, como visto, consiste na situação de fato e nos fundamentos de direito para a prática do ato administrativo. Já a motivação é a *exposição* dos motivos pela Administração.

> Não se confundem motivo e motivação. Motivação é a exposição dos motivos, ou seja, é a demonstração, por escrito de que os pressupostos de fato realmente existiram. (DI PIETRO, 2010, p 210)

A propósito, a motivação diz respeito às formalidades do ato, integrando o elemento *forma*, não o elemento *motivo*.

Resta-nos, então, a alternativa **b**, que é correta. Diz-se que o ato administrativo é vinculado quando todos os seus elementos forem vinculados, de modo que não haja liberdade de atuação para o administrador. Fica claro que, nesses casos, são vinculados mesmos os elementos em relação aos quais pode haver discricionariedade, como é o motivo.

12. FCC/TCE-AP/Técnico de Controle Externo/2012) O denominado *mérito* do ato administrativo discricionário corresponde

a) ao espaço de liberdade de ação da Administração, no que diz respeito à motivação, finalidade e competência para a prática do ato.
b) à análise de adequação do ato com os requisitos de validade previstos em lei.
c) à avaliação de eficácia e efetividade da ação da Administração em face da situação concreta.
d) às razões de conveniência e oportunidade levadas em conta pela Administração para a sua edição.
e) aos aspectos passíveis de controle pelo Poder Judiciário, que pode anular o ato que não atenda à conveniência administrativa.

Comentários

O mérito consiste no juízo de conveniência e oportunidade a ser realizado pela Administração em relação à prática do ato e é atividade privativa do administrador, no sentido de que a avaliação de mérito não pode ser realizada pelo Poder Judiciário. Quanto à alternativa **a**, não há, segundo a doutrina majoritária, qualquer espaço de liberdade no que diz respeito à finalidade e à competência do ato. Ainda que assim não fosse, *espaço de liberdade* é definição que se refere à discricionariedade, não ao mérito.

Trata-se de conceitos – discricionariedade e mérito – com certa aproximação, mas que não se confundem, como ressalta Lucas Furtado (2012, p. 548):

> Não obstante a proximidade dos conceitos, faz-se necessário distinguir um do outro. A discricionariedade corresponde à liberdade conferida pela lei ao administrador para a adoção da melhor solução para o caso concreto em razão do mérito administrativo. Este corresponde ao juízo de conveniência e oportunidade para a definição da solução mais adequada, tendo como parâmetro o princípio da razoabilidade. O mérito integra, portanto, a discricionariedade, e não obstante esta esteja sujeita ao controle judicial, o mérito não está.

Nessa linha de ideias, correta a alternativa **d**.

---

13. (FCC/TRF 2 ª Região/ Técnico Judiciário/Segurança e Transporte/2012) Os atos administrativos, espécie do gênero *ato jurídico*, ao serem editados, devem observar os requisitos de validade, enquanto que os atributos constituem qualidades ou características inerentes a esses atos. Portanto, dentre outros, são requisitos e atributos dos atos administrativos, respectivamente,

I. finalidade e competência; imperatividade e tipicidade.
II. presunção de legitimidade e finalidade; forma e autoexecutoriedade.
III. forma e motivo; presunção de legitimidade e imperatividade.

Nesses casos, está correto o que consta apenas em:

a) III.
b) II.
c) II e III.
d) I e III.
e) I e II.

Comentários

Como vimos acima, são elementos (ou requisitos) do ato administrativo a competência (que pode aparecer com a denominação *sujeito*), a finalidade, o motivo, a forma e o objeto. Apenas os itens I e III contemplam somente requisitos do ato na primeira parte (antes do ponto e vírgula).

Quanto aos atributos dos atos administrativos, que serão estudados mais detalhadamente nas próximas questões, pode-se falar, conjugando o entendimento dos principais doutrinadores, em seis, a saber: presunção de legitimidade, presunção de veracidade (como um desdobramento do anterior), autoexecutoriedade, exigibilidade, imperatividade e tipicidade. Os mesmos itens I e III contemplam atributos na segunda parte, revelando como gabarito a alternativa **d**.

14. (FCC/TJ-RJ/Analista Judiciário/2012) Dentre os atributos do ato administrativo, aquele que se traduz na imposição a terceiros, independentemente de sua concordância, é a

a) tipicidade.

b) autoexecutoriedade.

c) imperatividade.

d) presunção de veracidade.

e) presunção de legitimidade.

Comentários

A tipicidade, preconizada por Maria Silvia Zanella Di Pietro (2010, p. 201),

> é o atributo pelo qual o ato administrativo deve corresponder a figuras definidas previamente pela lei como aptas a produzir determinados resultados. Para cada finalidade que a Administração pretende alcançar, existe um ato definido em lei. [19]

A autoexecutoridade consiste na possibilidade que a Administração tem de executar seus atos, independentemente de autorização judicial.

Já a imperatividade significa justamente que os atos administrativos, em razão do poder de império da Administração, impõem-se independentemente da concordância dos particulares. Correta, portanto, a alternativa **c**.

A presunção de legitimidade implica presumidamente em conformidade com a lei os atos praticados pelos agentes públicos. A presunção de veracidade,

[19] Vale expor o posicionamento do professor Lucas Rocha Furtado (2012, p. 121) – ao qual aderimos – no sentido de que a tipicidade não poderia ser entendida como um atributo do ato administrativo: "Aplica-se aos atos administrativos, é certo, o conceito de tipicidade, que pode ser traduzido como limitação imposta pelo princípio da legalidade à prática dos atos administrativos. Discordamos, todavia, que essa característica seja considerada atributo do ato administrativo.
Por atributo, devemos entender uma prerrogativa que o ordenamento jurídico-administrativo confere à Administração Pública. A tipicidade, ainda que seja característica dos atos administrativos, não importa na criação de prerrogativa, mas, ao contrário, em uma limitação à atuação da Administração Pública. Trata-se de verdadeira garantia para os particulares que não serão surpreendidos com a prática de ato não disciplinado ou não regulado por lei. Isso não se traduz, todavia, em qualquer prerrogativa para a Administração, diferentemente do que se verifica com aos atributos da presunção de legitimidade, da autoexecutoriedade e da imperatividade."
Apesar da ressalva, para provas objetivas de concursos públicos, deve-se levar o entendimento da professora Di Pietro, no sentido de que a tipicidade é um dos atributos dos atos administrativos.

que pode ser entendida como desdobramento daquela, recai particularmente sobre o motivo do ato administrativo. Ela implica que se presumem verdadeiros os *fatos* alegados pelo agente para a prática do ato. Ambas são presunções do tipo *iuris tantum* ou relativas, porque admitem prova em contrário.[20]

15. (Cespe/Previc/Analista Administrativo/2011) Com fundamento no atributo da autoexecutoriedade, a Administração Pública pode apreender mercadorias ou interditar estabelecimento comercial sem autorização prévia do Poder Judiciário.

Comentários

O atributo da autoexecutoriedade autoriza a Administração a executar seus atos independentemente de decisão judicial. A apreensão de mercadorias e a interdição de estabelecimentos aparecem entre os exemplos de efeitos desse atributo encontrados na doutrina:

> Nos casos de executoriedade, pelo contrário, a Administração, por si mesma, compele o administrado, como *verbi gratia*, quando dissolve uma passeata, quando interdita uma fábrica, quando se apossa (caso de requisição) de bens indispensáveis ao consumo da população em caso de urgência ou calamidade pública, quando apreende medicamento cujo prazo de validade se expirou, quando destrói alimentos deteriorados postos à venda, quando interna compulsoriamente uma pessoa portadora de moléstia infectocontagiosa em época de epidemia. (MELLO, 2008, p. 412)

Correta, portanto, a assertiva.

É importante ressaltar que a autoexecutoriedade não está presente em todos os atos administrativos. Para determinadas atividades, que não são próprias da Administração, é necessária a intervenção do Poder Judiciário. A cobrança de multas é o exemplo mais recorrente em provas de concurso nesse sentido.

16. (Cespe/MP-PI/Técnico Administrativo/2012) Inerente aos atos administrativos, a presunção de legitimidade caracteriza-se por ser um princípio de direito público relativo, isto é, que não admite prova em contrário.

[20] Chama-se de *iure et de iure* a presunção absoluta, que não admite prova em contrário.

Comentários

A assertiva apresenta uma contradição interna. De fato, a presunção de legitimidade é relativa (ou *iuris tantum*). Todavia, isso significa justamente que ela *admite* prova em contrário, diferente do que estatui a afirmação. O mesmo vale para a presunção de veracidade.

Como exemplo, podemos imaginar a aplicação de uma multa por estacionamento irregular. Quando praticado o ato, presume-se que os fatos alegados (o carro estar parado em local proibido) são verdadeiros – presunção de veracidade –, bem como são conforme a lei todos os demais requisitos do ato – presunção de legitimidade.

Contudo, tais presunções admitem prova em contrário, cabendo ao indivíduo que sofreu a multa provar a ilegalidade do ato, demonstrando, por exemplo, que o agente que aplicou a multa não tinha competência para tanto ou evidenciando que no momento em que se aplicou a multa o carro estava estacionado em outra localidade, de modo que seria impossível que estivesse estacionado no local onde a infração teria ocorrido.

Assim, as presunções não têm caráter definitivo ou absoluto; não são absolutas. Apenas impõem ao administrado o ônus da prova em sentido contrário àquilo que foi afirmado no ato.

17. (FGV/TRE-PA/Técnico Judicário/Segurança/2011) Acarreta a nulidade do ato administrativo

a) sua manifesta discricionariedade.
b) a ausência de deliberação colegiada.
c) a inexistência de prazo de validade.
d) a desconformidade de seu objeto com a lei.
e) sua emissão por particular e não pelo Estado.

Comentários

No início do presente capítulo, estudamos que os atos administrativos podem ser analisados em relação à perfeição, eficácia e validade, implicando esta justamente a verificação da conformidade dos elementos do ato à lei. Assim, se qualquer dos requisitos do ato não encontra conformidade com a lei, esse ato será inválido, nulo.

Correta, portanto, a alternativa **d**.

A discricionariedade – também já discutimos nas questões anteriores – surge em razão da própria lei, e não contrariamente a ela. Assim, o só fato de um ato administrativo ser evidentemente discricionário não significa que seja nulo, o que demonstra a incorreção da alternativa **a**.

Tampouco a colegialidade de decisões não representa requisito de validade dos atos administrativos.

Também a inexistência de prazo de validade não implica a nulidade de ato administrativo. Na verdade, é normal que os atos administrativos sejam editados sem prazo de validade[21], mas esse não é um dos elementos a ser verificado no que se refere à validade do ato.

Alguma dúvida pode surgir em relação à alternativa **e**, caso se parta do pressuposto de que somente a Administração – e não os particulares – praticam atos administrativos. Contudo, a conceito de ato administrativo, que foi debatido nas primeiras questões desse capítulo revela a erronia dessa percepção.

Atos administrativos podem ser praticados pelo Estado ou por quem lhe faça as vezes (tais como concessionários públicos). Conclui-se, portanto, que o só fato de ser praticado por particular não é suficiente para concluir que o ato seja nulo. Se, no caso específico, o particular tiver competência para tanto, o ato será legítimo.

---

18. (FGV/TRE-PA/Técnico Judiciário/Área Administrativa/2011) Em relação à anulação e à revogação dos atos administrativos, é correto afirmar que

a) só podem ser efetuadas por via judicial; entretanto, a revogação pode ser feita administrativamente.

b) admitem apenas a via administrativa para a anulação e a via judicial para a revogação.

c) ocorrem, em ambas as hipóteses, nos casos de inconveniência e inadequação do ato administrativo.

d) se identifica a anulação quando o ato administrativo apresenta vício que o torne ilegal, já a revogação ocorre por razões de conveniência e oportunidade.

e) são atos privativos da Administração Pública, sendo vedada a apreciação judicial.

---

[21] Observe que diversa é a situação dos contratos administrativos. Esses, sim, como regra, têm limitação no seu prazo, nos termos do art. 57 da Lei nº 8.666/1993.

Comentários

No que se refere à comparação entre a anulação e a revogaçã
nistrativos, pode-se utilizar validamente o seguinte quadro-resun

	Revogação	Anulação
Quem pode fazer?	Somente a Administração.[22]	A própria Administração que editou o ato e o Poder Judiciário, se provocado.
Quais são os motivos?	Razões de conveniência e oportunidade; verificação do mérito administrativo.	Razões de ilegalidade. Verificação de que um ou mais requisitos do ato estão em desconformidade com a lei.
Efeitos:	Proativos ou *ex nunc*.	Retroativos ou *ex nunc*.
Natureza:	Ato *discricionário*: a revogação se dá por motivos de conveniência e oportunidade.	Ato *vinculado*: verificada a ilegalidade, a Administração *deve* anular o ato[23].

A respeito da possibilidade que a Administração tem de revogar seus próprios atos, já houve polêmica doutrinária, mas que foi há muito superada. É de 1969 a Súmula nº 654/STF, segundo a qual

> a Administração pode anular seus próprios atos, quando eivados de vícios que os tornam ilegais, porque deles não se originam direitos; ou revogá-los, por motivo de conveniência ou oportunidade, respeitados os direitos adquiridos, e ressalvada, em todos os casos, a apreciação judicial.

Conforme já discutido no capítulo referente aos princípios da Administração, essa súmula consagra o chamado princípio da autotutela.

Incorretas, portanto, as alternativas **a** e **b**, porquanto afirmam que a anulação somente pode ocorrer pela via judicial.

[22] Por Administração, entenda-se "Estado no exercício da função administrativa". Nessa linha, entenda-se que é possível haver revogação de atos administrativos no âmbito dos Poderes Judiciário e Legislativo. Quando no exercício atípico de função administrativa, é possível que os administradores da estrutura de tais Poderes revoguem atos praticados por aquela Administração. Quando se diz, por outro lado, que o Poder Judiciário não pode revogar atos administrativos, compreenda-se que não pode fazê-lo *no exercício da função jurisdicional*.

[23] Não se olvida que existem hipóteses nas quais poderá haver a chamada a convalidação. De qualquer forma, isso não afasta a noção de que, como regra geral, a constatação de invalidade do ato deve conduzir à sua anulação.

Incorreta também a alternativa **c**, uma vez que somente a revogação se dá por motivos de conveniência e oportunidade. A anulação encontra fundamento na invalidade do ato. Nessa mesma linha, correta a alternativa **d**.

Por fim, quanto à alternativa **e**, é incorreta porque o Poder Judiciário também pode anular atos ilegais, embora não possa revogá-los.

19. (Cespe/MP-PI/Analista Processual/2012) A anulação de ato administrativo pela Administração Pública independe de provocação e produz efeitos *ex tunc*.

Comentários

De fato, a anulação de ato administrativo pela Administração independe de provocação. Sobre o tema, embora a Súmula nº 473 do STF preveja que a Administração *pode anular* seus próprios atos, há muito a doutrina posiciona-se no sentido de que a anulação é antes um *dever* do que uma faculdade.

Prestigiando o posicionamento doutrinário, o legislador alterou esse verbo quando consagrou na Lei nº 9.784/1999 o mesmo entendimento da súmula do STF. Dispõe o art. 54 da referida lei que:

> A Administração *deve* anular seus próprios atos, quando eivados de vício de legalidade, e pode revogá-los por motivo de conveniência ou oportunidade, respeitados os direitos adquiridos.

A assertiva também está correta quanto aos efeitos da anulação. Como visto no quadro, a anulação produz efeitos retroativos ou *ex tunc*. Ora, se há vício em um dos requisitos formadores, significa que o ato é viciado desde a sua origem, de modo que, regra geral, não devem prevalecer os efeitos decorrentes do ato ilegal.

20. (Cespe/Previc/Técnico Administrativo/2011) Extingue-se em três anos o prazo para a Administração Pública anular seus próprios atos, quando decorrem efeitos favoráveis para os administrados, salvo comprovada má-fé.

Comentários

Ao mesmo tempo em que consagrou a possibilidade de a Administração anular seus próprios atos como forma de exercer a chamada autotutela, por razões de segurança jurídica, também se previu que essa prerrogativa da Administração deveria encontrar limites temporais, não podendo ser exercida a qualquer tempo.

Dessa forma, o art. 54 da Lei nº 9.784/1999 prevê que

> o direito da Administração de anular os atos administrativos de que decorram efeitos favoráveis para os destinatários decai em cinco anos, contados da data em que foram praticados, salvo comprovada má-fé.

Assim, a assertiva está errada quanto ao prazo após o qual se extingue o direito da Administração de anular atos dos quais decorrem efeitos favoráveis para os administrados. O prazo é de cinco, não de três anos.

Vale ressaltar que essa limitação do poder de anular atos administrativos, como forma de proteção aos interesses dos administrados, alcança especificamente aqueles que receberam de boa-fé os efeitos decorrentes de determinado ato administrativo. Se o indivíduo concorre dolosamente para a prática do ato, com a intenção de que seja praticado ato inválido que lhe seja benéfico, não incidirá o prazo decadencial em estudo.

21. (Cespe/MP-PI/Analista Processual/2012) A revogação não pode atingir os meros atos administrativos, tais como as certidões e os atestados.

Comentários

A doutrina aponta diversos atos administrativos que não podem ser revogados. Destacam-se:

- *Atos vinculados*: a revogação ocorre por motivos de conveniência e oportunidade. Uma vez que não há espaço de liberdade para juízo de mérito nos atos discricionários, também não será possível esse exercício em relação à revogação de tais. Quando o ato vinculado é praticado, não é por uma faculdade do administrador, ele é uma consequência inevitável da ocorrência de seus motivos. Assim, não pode haver liberdade de escolha para o seu desfazimento;
- *Atos exauridos ou consumados*: a revogação tem efeitos proativos, de modo que a sua consequência é não permitir que o ato continue a produzir efeitos. Ora, se um ato administrativo já não produz nenhum efeito, a revogação não teria qualquer efeito prático;

- *Atos que geraram direitos adquiridos*: se o ato administrativo gera um direito adquirido para determinado indivíduo, não pode ser revogado para não violar a segurança jurídica. Se o destinatário tem direito adquirido, aqueles efeitos do ato incorporam o seu patrimônio, não podendo ser suprimidos por liberalidade da Administração. Tanto é assim que o art. 54 da Lei nº 9.784/1999 impõe o respeito a direitos adquiridos;
- *Atos encadeados em um procedimento administrativo*, em razão de que a prática de ato posterior gera preclusão relativamente ao ato anterior;
- *Atos inválidos*: uma vez que a anulação dos atos inválidos é medida vinculada, não pode a Administração optar por revogar tais atos; eles devem ser anulados.
- *Meros atos administrativos*: diz a doutrina que atos como certidões e atestados, que não encerram manifestação de vontade, mas mera declaração de situação existente, também não são suscetíveis de revogação.

A questão, portanto, está correta.

---

22. (FCC/TRT 6ª Região/Analista Judiciário/Área Judiciária/2012) A revogação de um ato administrativo válido e eficaz é

a) inconstitucional, em face do princípio da segurança jurídica e do ato jurídico perfeito.

b) possível apenas por decisão judicial e desde que não decorrido o prazo decadencial.

c) possível, por ato motivado da Administração ou por decisão judicial, ressalvados os direitos adquiridos.

d) lícita, apenas se comprovada a superveniência de circunstância de fato ou de direito que enseje vício de legalidade.

e) prerrogativa da Administração, fundada em razões de conveniência e oportunidade, respeitados os direitos adquiridos.

Comentários

É importante ter em mente que a revogação recai justamente sobre atos que são válidos e eficazes. Ora, se o ato é inválido, não cabe à Administração revogá-lo, mas proceder à sua anulação. Por outro lado, quando se está diante de ato administrativo que já não produz efeitos, a revogação também não é possível porque nenhum efeito prático útil adviria daí. Assim, se a assertiva não faz qualquer ressalva sobre eventuais direitos adquiridos, é perfeitamente legal e constitucional a revogação de um ato administrativo válido e eficaz.

Quanto às alternativas **b** e **c**, vale lembrar que o Poder Judiciário não pode revogar atos administrativos.

Correta a alternativa **e**.

---

23. (Cespe/MP-PI/Analista Processual/2012) Quando o vício do ato administrativo atinge o motivo e a finalidade, não é possível a sua convalidação.

Comentários

A convalidação é um ato por meio do qual é suprido, com efeitos retroativos, um vício sanável de outro ato administrativo. Assim, por meio dela, um ato inicialmente inválido será *transformado* em ato válido e será possível o reconhecimento dos seus efeitos desde que foi editado (daí dizer-se que a convalidação tem efeitos retroativos).

A respeito, a Lei nº 9.784/1999 dispõe o seguinte:

> Art. 55. Em decisão na qual se evidencie não acarretarem lesão ao interesse público nem prejuízo a terceiros, os atos que apresentarem defeitos sanáveis poderão ser convalidados pela própria Administração.

Para saber quando a convalidação é possível, resta saber quais defeitos podem ser considerados sanáveis. Segundo explica Di Pietro (2010, p. 245-248), são sanáveis os vícios de competência, desde que não se trate de competência (exclusiva) e de forma, desde que ela não seja essencial à prática do ato.

Vícios relativos ao motivo, ao objeto e à finalidade são sempre insuperáveis, não sendo admitida a convalidação nessas hipóteses. Daí porque correta a assertiva.

Tema interessante a respeito da convalidação que tem sido cobrado em provas de concursos públicos refere-se a saber se ela é uma faculdade (opção discricionária) ou um dever da Administração (opção obrigatória, vinculada).

Também com base nas lições da professora Di Pietro (2010, p. 247), é possível afirmar que, em respeito ao princípio da segurança jurídica, estando a Administração diante de situação que admite convalidação, salvo hipóteses específicas, nascerá o dever de convalidar o ato e preservar os seus efeitos:

> O uso do verbo *poder* no art. 55 da Lei nº 9.784/1999 não significa necessariamente que o dispositivo esteja outorgando uma faculdade para a Administração convalidar o ato ilegal, segundo critérios de discricionariedade; como em tantas outras hipóteses em que a lei usa o mesmo verbo, trata-se, no caso, de reconhecimento de um poder de convalidação que pode ser exercido na esfera administrativa, sem necessidade de procura pela via judicial. A convalidação é, em regra, obrigatória.

Para a autora, a convalidação não seria obrigatória somente nos casos de ato discricionário praticado por autoridade incompetente, já que a autoridade competente não pode ser obrigada a concordar com o entendimento (juízo de mérito) utilizado como fundamento para a prática do ato. Nesse caso, haveria opção pela convalidação ou não.

24. (MSconcursos/Pref. Gravataí-RS/Procurador/2012) Sobre os atos administrativos é comum o estudo de sua classificação doutrinária. Entre as inúmeras classificações, tem-se o ato administrativo composto que pode ser definido como:

a) aquele que necessita da manifestação de dois ou mais órgãos ou autoridades.
b) aquele que decorre de uma única manifestação de vontade, singular e unipessoal.
c) aquele que decorre da manifestação de um órgão colegiado composto de mais de um componente.
d) é o ato administrativo que resulta da manifestação de um só órgão, porém, a produção de seus efeitos depende de outro órgão que aprove o ato administrativo.
e) é sinônimo de ato complexo, já que ambos envolvem a participação de mais de um órgão ou autoridade administrativa.

Comentários

Estabelecer classificações é tarefa a que se dedicam os juristas desde as primeiras tentativas de compreensão do Direito como um sistema. Sobre o tema das classificações, Luis Guilherme Marinoni (2003, p. 549) explica o seguinte:

> As classificações não devem ser pensadas como verdadeiras ou falsas, como supõem alguns. É que as classificações não se destinam a conceituar ou descrever realidades, mas somente a agrupá-las. O valor da classificação depende de sua utilidade ao agrupar fenômenos

> que têm certas particularidades. Ela tanto será melhor quanto maior for a sua compreensão de tornar os fenômenos compreensíveis, sem que cada um deles perca sua identidade e sua própria consequência prática.

Nessa linha, há algumas críticas doutrinárias quanto às muitas classificações a respeito dos atos administrativos, uma vez que algumas revelam pouca ou nenhuma utilidade. A par dessas observações, o fato é que diversas classificações dos atos são cobradas em provas de concursos e a classificação que divide os atos administrativos em simples, complexos e compostos é uma das mais importantes nesse ponto.

Ato simples é aquele que resulta da manifestação de um único órgão ou agente, mesmo que o órgão seja colegiado (e um conjunto de pessoas contribua intersubjetivamente para a tomada de decisão). Note que o número de pessoas que integram o órgão não implica necessariamente a afirmação de que o ato não seja simples. Se é a manifestação de um único órgão, ainda que colegiado, trata-se de ato simples.

O chamado ato complexo somente se aperfeiçoa com a manifestação de vontade de dois órgãos ou autoridades. Antes da segunda manifestação, o ato ainda não existe. Em outras palavras, a manifestação de vontade do segundo órgão é condição de existência do ato.

Ato composto consiste, na verdade, em dois atos.[24] A manifestação de vontade do primeiro órgão, já faz existir o ato. O segundo ato (manifestação do segundo órgão) tem caráter acessório em relação à primeira e tem a finalidade de conferir-lhe exequibilidade. Nas palavras de Hely Lopes Meirelles (2010, p. 176),

> é o que resulta da vontade de um único órgão, mas depende da verificação por parte de outro, para se tornar exequível.

O referido autor dá como exemplo a concessão de uma autorização que dependa do visto uma autoridade superior.

Assim, é correta a alternativa **d.**

---

[24] Daí porque há quem defenda, como Lucas Rocha Furtado (2012, p. 236) que nem se possa definir o ato composto como categoria autônoma, já que se trata de dois atos. O posicionamento, contudo, não é indicado para provas objetivas de concursos.

25. **(FCC/TRE-CE/Analista Judiciário/Área Judiciária/2012)** Provimentos são atos administrativos internos, contendo determinações e instruções que a Corregedoria ou os tribunais expedem para a regularização e uniformização dos serviços, com o objetivo de evitar erros e omissões na observância da lei. Segundo o conceito acima, de Hely Lopes Meirelles, trata-se de atos administrativos

a) punitivos.

b) declaratórios.

c) enunciativos.

d) negociais.

e) ordinatórios.

Comentários

Para Hely Lopes Meirelles (2010, p. 198), atos punitivos são aqueles que veiculam uma sanção a ser imposta pela Administração contra quem infringe disposições legais ou regulamentares. Não é o caso dos provimentos, que visam à uniformização dos serviços, *ordenando* as atividades administrativas.

Nessa linha, os provimentos são classificados pelo referido autor como atos ordinatórios: aqueles que

> visam a disciplinar o funcionamento da Administração e a conduta funcional de seus agentes (MEIRELLES, 2010, p. 187).

Têm a finalidade de orientar os servidores públicos no desempenho de suas funções. Nessa categoria, também estão instruções, circulares, avisos, portarias, ordens de serviço, entre outros.

Daí porque o gabarito é a alternativa **e**.

Ainda com base nas lições do autor, atos declaratórios

> visam a preservar direitos, reconhecer situações preexistentes ou, mesmo, possibilitar o seu exercício (MEIRELLES, 2010, p. 176)

e atos enunciativos, espécies de atos declaratórios,

> são todos aqueles em que a Administração se limita a certificar ou a atestar um fato, ou emitir uma opinião sobre determinado assunto. (MEIRELLES, 2010, p. 196)

Por fim, atos negociais

> são praticados contendo uma declaração de vontade do Poder Público coincidente com a pretensão do particular, visando (...) à atribuição de certos direitos ou vantagens ou direitos aos interessados (MEIRELLES, 2010, p. 189-190).

É importante destacar que esses atos, embora encerrem conteúdo negocial, não deixam de ser atos administrativos *unilaterais*. Apenas a vontade do particular se compatibiliza com a vontade se manifestada pela Administração, mas não nasce um contrato.

CAPÍTULO 5

Responsabilidade Civil do Estado

1. **(Cespe/PC-CE/Inspetor/2012)** A responsabilidade civil do Estado exige três requisitos para a sua configuração: ação atribuível ao Estado, dano causado a terceiros e nexo de causalidade.

Comentários

Inicialmente, é necessário delimitar o tema de que se trata quando se fala em *responsabilidade civil (ou extracontratual) do Estado*. Di Pietro (2010, p. 643) explica:

> Quando se fala em responsabilidade do Estado, está-se cogitando dos três tipos de funções pelas quais se reparte o poder estatal: a administrativa, a jurisdicional e a legislativa. Fala-se, no entanto, com mais frequência, de responsabilidade resultante de comportamentos da Administração Pública, já que, com relação aos Poderes Legislativo e Judiciário, essa responsabilidade incide em casos excepcionais.
>
> (...)
>
> A referência à responsabilidade extracontratual é necessária para restringir o tema tratado neste capítulo a essa modalidade de responsabilidade civil, ficando excluída a responsabilidade contratual, que se rege por princípios próprios (...).
>
> Pode-se, portanto, dizer que a responsabilidade extracontratual do Estado corresponde à obrigação de reparar danos causados a terceiros em decorrência de comportamentos comissivos ou omissivos, materiais ou jurídicos, lícitos ou ilícitos, imputáveis aos agentes públicos.

A questão está correta. Como veremos nas próximas questões, adota-se no Brasil a teoria do risco administrativo, que impõe ao Estado uma responsabilização objetiva, ou seja, independente da demonstração de culpa.[25] A culpa é um elemento subjetivo, no sentido de que tem pertinência com a atuação do sujeito, com aquilo que pensava o agente estatal no momento em que comete (ou permite que ocorra) o dano.

O fato de ser, regra geral, objetiva a responsabilização estatal não significa que o Estado deverá ser responsabilizado por todo e qualquer dano que ocorra na sociedade. Essa responsabilização – que, no mais das vezes, deve redundar na devida indenização (pagamento pecuniário) para aquele que sofreu o dano – terá lugar quando se puder atribuir a ocorrência de dano ao estado.

Nessa linha, é evidente que a ocorrência de *dano causado a terceiro* é requisito para a responsabilização. Se não há dano, não há razão para falar em responsabilidade. De outra parte, é também necessário que exista alguma conduta que possa ser atribuída ao Estado – valendo ressaltar que pode se tratar de conduta omissiva[26]. Por fim, o nexo causal é a relação entre a conduta estatal e o dano causado. Questionar se existe nexo causal é questionar, em última análise, se foi a conduta do Estado que gerou o dano.

---

2. **(Consulplan/TSE/Técnico Judiciário/Área Administrativa/2012)** Em relação a responsabilidade por atos de concessionárias de serviços públicos que causem dano a terceiros, o Brasil adota a teoria do(a)

a) risco integral.
b) risco administrativo.
c) culpa anônima.
d) responsabilidade com culpa civil.

Comentários

A discussão a respeito da responsabilidade civil do Estado parte da disposição do art. 37, § 6º, da Constituição, a seguir transcrito:

> § 6º As pessoas jurídicas de direito público e as de direito privado prestadoras de serviços públicos responderão pelos danos que seus agentes, nessa qualidade, causarem a terceiros, assegurado o direito de regresso contra o responsável nos casos de dolo ou culpa.

---

[25] Falamos em culpa em sentido amplo, englobando o dolo (vontade consciente de obter o resultado, conduta *intencional*) e a culpa em sentido estrito (permitir que o resultado aconteça, mesmo que essa não fosse a intenção do agente envolvido). Esta pode decorrer de negligência, imprudência ou imperícia.

[26] A responsabilização por condutas omissivas, contudo, dependerá da demonstração de culpa.

O texto do dispositivo transcrito evidencia que não somente as pessoas jurídicas de direito público, mas também as pessoas jurídicas de direito privado *que prestem serviços públicos* submetem-se à responsabilização. Esse alcance dos prestadores de serviços públicos – que engloba as concessionárias, mencionadas no comando da questão, tem pertinência de que é o risco inerente às atividades estatais que justifica a sua responsabilização.

A respeito, a lição de Lucas Furtado (2012, p. 847):

> O dever de ressarcir prejuízos sofridos pelos particulares é atribuído às "pessoas jurídicas de direito público ou de direito privado prestadoras de serviços públicos" em razão das atividades que desempenham serem potencialmente lesivas, sujeitando os particulares a riscos. Assim, se no desempenho de suas atividades for verificada a ocorrência de dano a particular, cumpre à pessoa de direito público ou de direito privado prestadora de serviço público o dever de ressarci-lo independentemente da existência de culpa de quem quer que seja, mas em razão do risco inerente à atuação daquelas pessoas.

Nessa linha, também as concessionárias submetem-se a uma responsabilização objetiva, a qual se divide em duas teorias possíveis: (i) risco administrativo e (ii) risco integral. A diferença entre elas é que a teoria do risco administrativo admite hipóteses de excludentes de responsabilidade. É tranquila a doutrina em afirmar que essa é a teoria adotada, como regra geral, no Brasil. Correta, portanto, a alternativa **b**.

Já a teoria do risco integral impõe responsabilização objetiva e não admite situações de exclusão. Para boa parte da doutrina, essa teoria seria adotada no Brasil em apenas um caso excepcional, previsto no art. 21, XXIII, *d*[27] da CF, o dano nuclear.

---

3. **(Cespe/Serpro/Advocacia/2008)** Pela teoria do risco integral, a ambulância de um hospital público que venha a atropelar um ciclista não será civilmente responsável pelo fato se houver culpa exclusiva do ciclista.

Comentários

O que diferencia as teorias do risco administrativo e do risco integral é justamente que aquela admite hipóteses excludentes, ao passo que esta não.

[27] Art. 21, XXII, *d*: a responsabilidade civil por danos nucleares independe da existência de culpa.

Segundo a doutrina, dentro da teoria do risco administrativo, admitem-se as seguintes excludentes: (i) culpa exclusiva da vítima ou de terceiro, (ii) caso fortuito e (iii) força maior.

A propósito, a teoria do risco integral não se aplica ao exemplo da assertiva (ciclista atropelado por ambulância). Agora, caso fosse aplicável, nem mesmo a culpa exclusiva do ciclista seria suficiente para afastar a responsabilização, já que esta teoria não admite excludentes.

Errada, portanto, a assertiva.

4. (Cespe/Assembleia Legislativa-CE/Analista/Direito/2011) As regras constitucionais que estabelecem a responsabilidade objetiva do Estado não se aplicam às empresas públicas e sociedades de economia mista exploradoras de atividade econômica.

Comentários

A previsão do art. 37, § 6º, responde a essa questão. Segundo o dispositivo, pessoas jurídicas de direito privado – como são as empresas públicas e as sociedades de economia mista – somente se submetem à responsabilidade objetiva se forem prestadoras de serviços públicos.

Assim, as regras constitucionais que estabelecem a responsabilidade objetiva realmente não se aplicam às sociedades de economia mista e às empresas públicas que explorem atividade econômica.

Correta a assertiva.

5. (Consulplan/TSE/Técnico Judiciário/Área Administrativa/2012) O Estado responderá pelos danos que os seus agentes causarem

a) somente quando estiverem no exercício de suas funções.
b) quando estiverem no exercício de suas funções ou quando se utilizarem de suas funções para causar o dano.
c) no exercício de suas funções ou fora de suas funções ainda que o dano seja causado em uma atividade particular.
d) somente quando o agente atuar com dolo ou culpa.

Comentários

O Estado não tem existência física e age por meio de seus agentes. A questão pretende discutir justamente em quais situações haverá responsabilização do Estado pela atuação dos agentes e em quais situações, considerar-se-á que a pessoa física estava despida da condição de agente público e agindo de modo desprendido com seu vínculo com o Estado.

Quando se entende que a pessoa física – ainda que mantenha vínculo profissional com o Estado – não agiu na condição de agente estatal, mas como outro qualquer particular, não haverá responsabilização do Estado, mas responsabilidade direta do indivíduo, conforme o Direito Privado.

Nessa linha, comparando-se as três primeiras alternativas, a de letra **b** é mais adequada ao que afirma a doutrina sobre o tema. Há interpretação ampliativa do texto do art. 37, § 6º, da CF, no ponto. Não há necessidade de que o agente público tenha agido diretamente no exercício normal de suas funções, mas na qualidade de agente público, o que inclui a situação de agir se utilizando de suas funções. Sobre o tema, colhe-se o seguinte precedente da jurisprudência do STF:

> EMENTA: AGRAVO REGIMENTAL NO RECURSO EXTRAORDINÁRIO COM AGRAVO. RESPONSABILIDADE CIVIL DO ESTADO. ASSALTO PRATICADO POR POLICIAL FARDADO. RESPONSABILIDADE OBJETIVA DO ESTADO. REEXAME DO CONJUNTO FÁTICO-PROBATÓRIO CARREADO AOS AUTOS. SÚMULA Nº 279/STF.
>
> 1. O Estado responde objetivamente pelos danos causados por seus agentes, ainda que fora do horário de expediente. Nesse sentido: CONSTITUCIONAL. ADMINISTRATIVO. RESPONSABILIDADE CIVIL DO ESTADO. CF, art. 37, § 6º.
>
> *I – Agressão praticada por soldado, com a utilização de arma da corporação militar: incidência da responsabilidade objetiva do estado, mesmo porque, não obstante fora do serviço, foi na condição de policial militar que o soldado foi corrigir as pessoas. O que deve ficar assentado é que o preceito inscrito no art. 37, § 6º, da CF, não exige que o agente público tenha agido no exercício de suas funções, mas na qualidade de agente público.*
>
> II – RE não conhecido (RE nº 160.401, Rel. Min. Carlos Velloso, Segunda Turma, Dj 4/6/1999).
>
> 2. A Súmula nº 279/STF dispõe, *verbis*: Para simples reexame de prova não cabe recurso extraordinário.
>
> 3. É que o recurso extraordinário não se presta ao exame de questões que demandam revolvimento do contexto fático-probatório dos autos, adstringindo-se à análise da violação direta da ordem constitucional.
>
> 4. Agravo regimental a que se nega provimento.
>
> (ARE nº 644.395 – AgR, Relator Min. Luiz Fux, Primeira Turma, julgado em 4/10/2011, DJe-202 , divulg. 19/10/2011, public. 20/10/2011, Ement. Vol. 2.611-02, p. 212, RT v. 101, n. 916, 2012, p. 663-667)

No que se refere à alternativa **d**, para o particular que sofre o dano, não faz diferença se a atuação do agente estatal foi culposa ou dolosa. A responsabilização do Estado perante o particular é objetiva, de modo que o elemento subjetivo é indiferente.

A existência de dolo ou culpa na conduta do agente interessa somente à pessoa estatal para o exercício da chamada ação regressiva contra o agente causador do dano. Em outras palavras, estando presentes os requisitos da responsabilização, o Estado indeniza o particular e depois, caso tenha havido dolo ou culpa, exige do agente que recomponha os cofres públicos.

6. **(FCC/TRE-SP/Técnico Judiciário/Área Administrativa/2012)** Determinado cidadão sofreu danos em função de atendimento deficiente em unidade hospitalar pública. A responsabilidade civil da Administração pelos danos em questão
   a) é de natureza subjetiva, dependendo da comprovação de dolo ou culpa dos agentes.
   b) é de natureza objetiva, cabendo direito de regresso em face dos agentes responsáveis, no caso de dolo ou culpa.
   c) é de natureza subjetiva, demandando a comprovação da falha na prestação do serviço e culpa de agente público.
   d) é afastada, caso comprovado dolo ou culpa exclusiva do agente público.
   e) independe de comprovação de dolo ou culpa do agente e do nexo de causalidade entre o evento e o dano.

Comentários

É bastante comum que questões de prova sobre o tema da responsabilidade civil sejam baseadas em precedentes jurisprudenciais, nos quais se discutem diversas particularidades presentes nas inúmeras hipóteses em que a discussão sobre a responsabilização do Estado é levada ao Poder Judiciário.

Nessa linha, têm-se posicionado os tribunais superiores no sentido de que a responsabilidade civil do Poder Público é objetiva nas hipóteses em que o evento danoso ocorra em hospitais públicos (ou mantidos pelo Estado), ou derive de tratamento médico inadequado, ministrado por funcionário público, ou, ainda, resulte de conduta positiva (ação) ou negativa (omissão) imputável a servidor público com atuação na área médica.

Por todos, destaca-se o seguinte precedente do Supremo Tribunal Federal:

EMENTA: RESPONSABILIDADE CIVIL OBJETIVA DO PODER PÚBLICO. ELEMENTOS ESTRUTURAIS. PRESSUPOSTOS LEGITIMADORES DA INCIDÊNCIA DO ART. 37, § 6º, DA CONSTITUIÇÃO DA REPÚBLICA. TEORIA DO RISCO ADMINISTRATIVO. INFECÇÃO POR CITOMEGALOVÍRUS. FATO DANOSO PARA O OFENDIDO (MENOR IMPÚBERE) RESULTANTE DA EXPOSIÇÃO DE SUA MÃE, QUANDO GESTANTE, A AGENTES INFECCIOSOS, POR EFEITO DO DESEMPENHO, POR ELA, DE ATIVIDADES DESENVOLVIDAS EM HOSPITAL PÚBLICO, A SERVIÇO DA ADMINISTRAÇÃO ESTATAL. PRESTAÇÃO DEFICIENTE, PELO DISTRITO FEDERAL, DE ACOMPANHAMENTO PRÉ-NATAL. PARTO TARDIO. SÍNDROME DE *WEST*. DANOS MORAIS E MATERIAIS. RESSARCIBILIDADE. DOUTRINA. JURISPRUDÊNCIA. RECURSO DE AGRAVO IMPROVIDO.

Os elementos que compõem a estrutura e delineiam o perfil da responsabilidade civil objetiva do Poder Público compreendem (*a*) a alteridade do dano, (*b*) a causalidade material entre o *eventus damni* e o comportamento positivo (ação) ou negativo (omissão) do agente público, (*c*) a oficialidade da atividade causal e lesiva imputável a agente do Poder Público que tenha, nessa específica condição, incidido em conduta comissiva ou omissiva, independentemente da licitude, ou não, do comportamento funcional e (*d*) a ausência de causa excludente da responsabilidade estatal. Precedentes. A omissão do Poder Público, quando lesiva aos direitos de qualquer pessoa, induz à responsabilidade civil objetiva do Estado, desde que presentes os pressupostos primários que lhe determinam a obrigação de indenizar os prejuízos que os seus agentes, nessa condição, hajam causado a terceiros. Doutrina. Precedentes. *A jurisprudência dos tribunais em geral tem reconhecido a responsabilidade civil objetiva do Poder Público nas hipóteses em que o* eventus damni *ocorra em hospitais públicos (ou mantidos pelo Estado), ou derive de tratamento médico inadequado, ministrado por funcionário público, ou, então, resulte de conduta positiva (ação) ou negativa (omissão) imputável a servidor público com atuação na área médica.*

Servidora pública gestante, que, no desempenho de suas atividades laborais, foi exposta à contaminação pelo citomegalovírus, em decorrência de suas funções, que consistiam, essencialmente, no transporte de material potencialmente infectocontagioso (sangue e urina de recém-nascidos).

Filho recém-nascido acometido da "Síndrome de West", apresentando um quadro de paralisia cerebral, cegueira, tetraplegia, epilepsia e

> malformação encefálica, decorrente de infecção por citomegalovírus contraída por sua mãe, durante o período de gestação, no exercício de suas atribuições no berçário de hospital público.
>
> Configuração de todos os pressupostos primários determinadores do reconhecimento da responsabilidade civil objetiva do Poder Público, o que faz emergir o dever de indenização pelo dano pessoal e/ou patrimonial sofrido.
>
> (RE nº 495.740 – AgR, Relator: Min. Celso de Mello, Segunda Turma, julgado em 15/4/2008, DJe-152, divulg. 13/8/2009, public. 14/8/2009, Ement. Vol. 2.369-07, p. 1.432, RTJ Vol.214, p. 516).

Correta, portanto, a alternativa **b**. Quanto ao direito de regresso, nos termos do art. 37, § 6º, da Constituição (parte final), é a regra geral nas hipóteses de responsabilidade objetiva do Estado. Cabe ao Estado exigir de seu agente que tenha agido com dolo ou culpa a recomposição do Erário.

7. **(FGV/Sefaz-RJ/Auditor/2011)** Antônia ajuizou ação de rito ordinário em face de empresa concessionária de serviço de transporte coletivo urbano visando à reparação dos danos por ela suportados ao ser atropelada em acidente de trânsito causado pelo motorista da empresa. Considerando a situação hipotética narrada, a responsabilidade civil da empresa concessionária de serviço público será

a) subjetiva e, por tratar-se de pessoa jurídica de direito privado prestadora de serviço público, haverá presunção de culpa do agente causador do dano.

b) subjetiva, pois a vítima do dano é terceiro não usuário do serviço público, afastando, assim, a incidência da responsabilidade objetiva fundada na teoria do risco administrativo.

c) objetiva, uma vez que o dano foi causado por agente de pessoa jurídica de direito privado prestadora de serviço público, sendo indiferente ser a vítima usuária ou não usuária do serviço público.

d) subsidiária em relação à responsabilidade objetiva do poder concedente, a quem compete o dever de fiscalização na execução do serviço público concedido.

e) solidária em relação à responsabilidade objetiva do poder concedente e subjetiva do próprio agente causador do dano.

Comentários

Como se trata de empresa prestadora de serviço público, não resta dúvida de que se submete – no exercício de tal prestação – à responsabilidade objetiva, uma vez que há subsunção à previsão do art. 37, § 6º, da CF.

Dúvida pode surgir quanto ao seguinte questionamento: a responsabilidade será objetiva somente em relação aos usuários do serviço oferecido ou também em relação a terceiros não usuários do serviço, mas que sofrem danos em razão da prestação do serviço?

Em um primeiro momento, entendeu o Supremo Tribunal Federal que a responsabilização de concessionárias seria objetiva somente em relação aos usuários do serviço, devendo terceiros não usuários demonstrar a existência de culpa para serem indenizados. O RE nº 262.651-SP, julgado em 2005, é exemplo.

Posteriormente, alterou-se a jurisprudência do STF para afirmar a responsabilidade objetiva também em relação aos terceiros não usuários do serviço. Um dos primeiros precedentes nesse sentido tratava justamente da hipótese de pessoa atropelada durante a prestação de serviços de transporte coletivo urbano. Vejamos:

> EMENTA: CONSTITUCIONAL. RESPONSABILIDADE DO ESTADO. ART. 37, § 6º, DA CONSTITUIÇÃO. PESSOAS JURÍDICAS DE DIREITO PRIVADO PRESTADORAS DE SERVIÇO PÚBLICO. CONCESSIONÁRIO OU PERMISSIONÁRIO DO SERVIÇO DE TRANSPORTE COLETIVO. RESPONSABILIDADE OBJETIVA EM RELAÇÃO A TERCEIROS NÃO USUÁRIOS DO SERVIÇO. RECURSO DESPROVIDO.
>
> I – A responsabilidade civil das pessoas jurídicas de direito privado prestadoras de serviço público é objetiva relativamente a terceiros usuários e não-usuários do serviço, segundo decorre do art. 37, § 6º, da Constituição Federal.
>
> II – A inequívoca presença do nexo de causalidade entre o ato administrativo e o dano causado ao terceiro não usuário do serviço público, é condição suficiente para estabelecer a responsabilidade objetiva da pessoa jurídica de direito privado.
>
> III – Recurso extraordinário desprovido.
>
> (RE nº 591.874, Relator: Ministro Ricardo Lewandowski, Tribunal Pleno, julgado em 26/8/2009, Repercussão Geral – Mérito, DJe-237, divulg. 17/12/2009, public. 18/12/2009, Ement. Vol. 2387-10, p. 1.820).

Correta, portanto, a alternativa **c**.

Quanto às alternativas **d** e **e**, não há consenso doutrinário a respeito da possibilidade de responsabilização subsidiária ou solidária do poder concedente do serviço. De qualquer forma, a regra geral é a de que o Estado não assume responsabilidade alguma.[28]

8. **(Cespe/Previc/Técnico Administrativo/2011)** Em se tratando de conduta omissiva, para configuração da responsabilidade estatal, é necessária a comprovação dos elementos que caracterizam a culpa, de forma que não deve ser aplicada absolutamente a teoria da responsabilidade objetiva.

Comentários

Não há consenso doutrinário a respeito da forma de responsabilização do Estado em caso de conduta omissiva, se objetiva ou subjetiva. No entanto, a jurisprudência dos tribunais superiores aponta no sentido de que condutas omissivas ensejam responsabilidade do Estado.

Exemplificativamente, destaca-se:

> EMENTA: CONSTITUCIONAL. ADMINISTRATIVO. CIVIL. RESPONSABILIDADE CIVIL DO ESTADO. ATO OMISSIVO DO PODER PÚBLICO: DETENTO FERIDO POR OUTRO DETENTO. RESPONSABILIDADE SUBJETIVA: CULPA PUBLICIZADA: FALTA DO SERVIÇO. CF, ART. 37, § 6º.
>
> I – *Tratando-se de ato omissivo do Poder Público, a responsabilidade civil por esse ato é subjetiva, pelo que exige dolo ou culpa, em sentido estrito, esta numa de suas três vertentes – a negligência, a imperícia ou a imprudência – não sendo, entretanto, necessário individualizá-la, dado que pode ser atribuída ao serviço público, de forma genérica, a falta do serviço.*
>
> II – A falta do serviço – *faute du service* dos franceses – não dispensa o requisito da causalidade, vale dizer, do nexo de causalidade entre ação omissiva atribuída ao Poder Público e o dano causado a terceiro.
>
> III – Detento ferido por outro detento: responsabilidade civil do Estado: ocorrência da falta do serviço, com a culpa genérica do serviço público, por isso que o Estado deve zelar pela integridade física do preso.

[28] Nesse sentido, Lucas Rocha Furtado (2012, p. 872): "Pelos atos praticados pela concessionária que causem prejuízo aos particulares responde ela (concessionária ou permissionária do serviço), não assumindo o Estado, como regra, responsabilidade alguma. Os delegatários do serviço atuam em nome próprio e seus atos e omissões ensejam responsabilidade exclusivamente para suas pessoas".

> IV – RE conhecido e provido.
>
> (RE nº 382.054, Relator: Min. Carlos Velloso, Segunda Turma, julgado em 3/8/2004, DJ 1/10/2004, p. 37, Ement. Vol. 2.166-02, p. 330, RT v. 94, n. 832, 2005, p. 157-164, RJADCOAS v. 62, 2005, p. 38-44, RTJ Vol. 192-01, p. 356).

Tem-se a adoção da teoria da falta de serviço (de origem francesa, *faut de service*), segundo a má prestação ou a falta de prestação do serviço acarretam a responsabilidade do Estado.

Di Pietro (2010, p. 655) destaca que para existir a responsabilidade estatal em caso de conduta omissiva, é necessário que seja demonstrado que havia, para cada caso, o dever e a possibilidade de o Estado agir, já que, em tais hipóteses, o dano não é causado pelos agentes públicos, mas por fatos da natureza ou fatos de terceiros. Assim, sendo necessária a verificação do dever de agir, a culpa seria inerente à responsabilização por conduta omissiva. Em outras palavras,

> a culpa está embutida na ideia de omissão. Não há como falar em responsabilidade objetiva em caso de inércia do agente público que tinha o dever de agir e não agiu.

O entendimento de que, em caso de omissão, a responsabilidade estatal é subjetiva é largamente aceito em provas de concursos públicos.

---

9. **(Cespe/DPE-MA/Defensor/2011)** Os moradores de um bairro pobre de determinado município sofrem todos os anos com as inundações das ruas em razão do entupimento dos bueiros. Apesar de o problema ser recorrente e repetir-se todos os anos, o prefeito não adotou nenhuma providência e tampouco providenciou a limpeza dos bueiros. No último ano, em razão do acúmulo de lixo, a inundação causou grandes estragos nas casas dos moradores, razão pela qual estes resolveram procurar a Defensoria Pública em busca de orientação jurídica. Com base nessa situação hipotética, assinale a opção correta com relação à orientação jurídica à população.

a) Aplica-se ao caso a teoria dos motivos determinantes, sendo o Estado obrigado a indenizar as vítimas, visto que a falta de limpeza dos bueiros foi determinante para a ocorrência dos danos.

b) Não há evidência de nenhum fato administrativo que possa ensejar responsabilização do Estado, visto que o entupimento dos bueiros é resultado do mau uso do lixo pelos moradores da localidade.

c) Segundo a jurisprudência majoritária, caracterizada a conduta omissiva, aplica-se a teoria da responsabilidade subjetiva do Estado, cabendo aos prejudicados demonstrar que os danos foram gerados em razão da culpa do município, que se omitiu na limpeza dos bueiros.
d) Cabe o ajuizamento de mandado de segurança por ato omissivo, com pedido de limpeza dos bueiros e de reparação dos danos.
e) Por ser a chuva fato natural, configura-se a hipótese de excludente por motivo de força maior, insuscetível, portanto, de gerar indenização por parte do Estado.

Comentários

Tratando-se de ação omissiva do Estado, aplica-se a responsabilidade subjetiva, devendo os lesados demonstrar a existência de culpa pela ocorrência do dano, provando que o Estado deveria ter agido, mas permaneceu inerte. Correta, portanto, a alternativa **c**.

Quanto à alternativa **b**, há evidências claras de que o dano poderia ter sido evitado pelo Estado, uma vez que a situação hipotética narrada evidencia que o problema é recorrente e se repete todos os anos. O que deve ficar claro é que a adoção da teoria da falta de serviço não afasta a necessidade de que haja nexo de causalidade entre o dano e a conduta estatal (no caso, omissiva). Conforme tem manifestado o Supremo Tribunal Federal, essa reiteração do problema demonstra justamente que se o Estado tivesse agido, teria evitado os danos, de modo que resta configurado o nexo causal.

Não se trata, contudo, de hipótese de aplicação da chamada teoria dos motivos determinantes, que pouco tem a ver com a situação. Segundo essa teoria, a Administração fica vinculada aos motivos apresentados como determinantes para a prática, devendo demonstrar que eles existiam sob pena de reconhecer-se a invalidade do ato.

No caso hipotético, não se fala na prática de ato administrativo, mas, ao contrário, na omissão pelo administrador.

Quanto à alternativa **d**, seria possível cogitar do manejo do *mandamus* para que fosse determinado ao prefeito que procedesse à limpeza dos bueiros. No entanto, o mandado de segurança não é adequado para se pleitear a reparação dos danos, uma vez que, conforme dispõe a Súmula nº 269/STF, não é substitutivo de ação de cobrança.

10. (Cespe/TC-DF/Analista de Controle Externo/2012) Incidirá a responsabilidade civil objetiva do Estado quando, em processo judicial, o juiz, dolosamente, retardar providência requerida pela parte.

Comentários

Como destaca Lucas Furtado (2012, p. 879), é vigente em todos os tribunais pátrios a tese segundo a qual a responsabilidade do Estado por atos jurisdicionais somente se aplica nos casos expressamente previstos em lei.[29]

Exemplo de hipótese na qual se permite a responsabilidade do Estado é encontrado no art. 5º, LXXV, segundo o qual o Estado indenizará o condenado por erro judiciário, assim como o que ficar preso além do tempo fixado na sentença. Vê-se, então, que é necessária a demonstração do erro por parte do Estado.

Quanto à hipótese mencionada na questão, incide o art. 133 do Código de Processo Civil, segundo o qual seria possível falar em responsabilidade pessoal do juiz, não objetiva do Estado. Vejamos:

> Art. 133. Responderá por perdas e danos o juiz, quando:
>
> I – no exercício de suas funções, proceder com dolo ou fraude;
>
> II – recusar, omitir ou retardar, sem justo motivo, providência que deva ordenar de ofício, ou a requerimento da parte.

Incorreta, portanto, a questão.

11. (Cespe/Assembleia Legislativa/ES/Procurador/2011) Um indivíduo se encontrava preso em penitenciária estadual, quando foi assassinado por um colega de cela. Nessa situação hipotética, o estado

a) não poderá ser condenado a reparar os danos à família da vítima, pois o Estado não se responsabiliza por atos individuais de terceiros.

b) não poderá ser condenado a reparar os danos à família da vítima, porque o dano não foi causado por agente estatal.

c) poderá ser responsabilizado pelos danos à família da vítima, desde que seja provada culpa dos agentes penitenciários na fiscalização dos detentos.

[29] Algumas bancas examinadoras já entenderam correta a afirmação de que a regra é a irresponsabilidade estatal por atos jurisdicionais.

d) não poderá ser condenado a reparar os danos à família da vítima, porque não houve vínculo causal entre o evento danoso e o comportamento estatal.

e) poderá ser condenado a reparar os danos à família da vítima, ante sua responsabilidade objetiva.

Comentários

Como já mencionamos, é comum encontrar questões sobre responsabilidade civil do Estado baseadas em precedentes específicos julgados pelos tribunais pátrios. No que se refere aos danos (inclusive a morte) sofridos por interno de presídio, tem-se adotado o entendimento de que, embora omissiva a conduta, é objetiva[30] a responsabilidade estatal nesses casos, porque tem o dever de vigiar e proteger aqueles que colocam sob sua custódia. Não há necessidade, portanto, da demonstração da culpa.

A título de exemplo, destaca-se o seguinte precedente:

> EMENTA: Recurso extraordinário.
>
> 2. Morte de detento por colegas de carceragem. Indenização por danos morais e materiais.
>
> 3. Detento sob a custódia do Estado. Responsabilidade objetiva.
>
> 4. Teoria do risco administrativo. Configuração do nexo de causalidade em função do dever constitucional de guarda (art. 5º, XLX). Responsabilidade de reparar o dano que prevalece ainda que demonstrada a ausência de culpa dos agentes públicos.
>
> 5. Recurso extraordinário a que se nega provimento.
>
> (RE nº 272.839, Relator Min. Gilmar Mendes, Segunda Turma, julgado em 1/2/2005, DJ 8/4/2005, p. 38, Ement. Vol. 2.186-03, p. 417, LEXSTF v. 27, n. 317, 2005, p. 236-257, RT v. 94, n. 837, 2005, 129-138 RTJ, vol. 194-01, p. 337)

Correta, portanto, a alternativa **e**.

12. (Cespe/OAB-SP/2008) Josué, condenado por latrocínio e estelionato, cumprindo pena em regime aberto, fugiu diversas vezes do estabelecimento prisional. Embora sempre localizado e novamente detido pelas autoridades policiais, ele

[30] É importante destacar que o próprio STF já manifestou o entendimento de que a responsabilidade estatal nessas hipóteses seria subjetiva. Esse, contudo, não é o entendimento mais recente, tampouco o que vem sendo aceito em provas de concurso.

não foi submetido à regressão de regime prisional. Durante a oitava fuga, Josué praticou estupro contra criança de 12 anos de idade. Tendo por base essa situação hipotética, assinale a opção correta acerca da responsabilidade do Estado.

a) Configura-se, no caso, a responsabilidade subjetiva do Estado em face do fato de Josué não ter sido submetido à regressão de regime prisional e ter cometido o crime em ocasião em que deveria estar preso.
b) Nesse caso, é impossível a configuração do nexo causal, pois não houve uma conduta positiva, ou seja, um agir, por parte da Administração Pública.
c) Na situação apresentada, sequer cabe discutir a responsabilização do Estado, pois o ato danoso praticado foi realizado por um particular, Josué, e, não, por um agente público.
d) À situação apresentada é aplicável a teoria do risco integral.

Comentários

Essa questão é outra baseada em precedente do STF. Nesse caso, tem-se conduta omissiva do Estado, de modo que a sua responsabilização é subjetiva, sendo necessária a demonstração de culpa.

No precedente que inspira a questão, entendeu-se configurado o nexo causal entre o evento danoso (estupro da criança de 12 anos) e a conduta estatal, porquanto ficou evidente que o Estado não tomou as providências que lhe cabiam, o que revela a sua culpa. Afinal, após diversas ocorrências de fuga pelo apenado sob a guarda estatal, já deveria ter sido determinada – conforme impõe a Lei de Execuções Penais – a regressão de seu regime, o que teria o condão de evitar o resultado danoso.

Veja-se a ementa do julgado:

> EMENTA: RESPONSABILIDADE CIVIL DO ESTADO. ART. 37, § 6º, DA CONSTITUIÇÃO FEDERAL. *FAUTE DU SERVICE PUBLIC* CARACTERIZADA. ESTUPRO COMETIDO POR PRESIDIÁRIO, FUGITIVO CONTUMAZ, NÃO SUBMETIDO À REGRESSÃO DE REGIME PRISIONAL COMO MANDA A LEI. CONFIGURAÇÃO DO NEXO DE CAUSALIDADE. RECURSO EXTRAORDINÁRIO DESPROVIDO.
>
> Impõe-se a responsabilização do Estado quando um condenado submetido a regime prisional aberto pratica, em sete ocasiões, falta grave de evasão, sem que as autoridades responsáveis pela execução da pena lhe apliquem a medida de regressão do regime prisional aplicável à

> espécie. Tal omissão do Estado constituiu, na espécie, o fator determinante que propiciou ao infrator a oportunidade para praticar o crime de estupro contra menor de 12 anos de idade, justamente no período em que deveria estar recolhido à prisão.
>
> Está configurado o nexo de causalidade, uma vez que se a lei de execução penal tivesse sido corretamente aplicada, o condenado dificilmente teria continuado a cumprir a pena nas mesmas condições (regime aberto), e, por conseguinte, não teria tido a oportunidade de evadir-se pela oitava vez e cometer o bárbaro crime de estupro. Recurso extraordinário desprovido.
>
> (RE nº 409.203, Relator: Min. Carlos Velloso, Relator(a) p/ Acórdão: Min. Joaquim Barbosa, Segunda Turma, julgado em 7/3/2006, DJ 20/4/2007, p. 102, Ement. Vol. 2272-03, p. 480, RTJ Vol. 200-02, p. 982, LEXSTF v. 29, n. 342, 2007, p. 268-298 RMP n. 34, 2009, p. 281-302).

Correta, portanto, a alternativa **a**.

Vale ressaltar que não se pode aceitar a assertiva contida na alternativa **e**, pois se não está diante de hipótese de incidência da teoria do risco integral, segundo a qual a responsabilização estatal seria objetiva e não admitira qualquer hipótese de exclusão. A incidência excepcional da teoria do risco integral, conforme doutrina majoritária, somente seria possível no caso de dano nuclear.

Há, na hipótese, a regra geral de responsabilidade subjetiva por conduta omissiva. Nessa linha, ficando demonstrados o nexo de causalidade e a culpa, incide a responsabilidade e há dever de indenizar.

---

13. (Consulplan/TSE/Analista Judiciário/Área Judiciária/2012) No que tange à responsabilidade civil do Estado, o STF (Supremo Tribunal Federal) afirma que o art. 37, § 6º, da CF consagra uma dupla garantia. Essa dupla garantia consiste em

a) o particular poder mover ação indenizatória contra o agente causador do dano e a pessoa jurídica à qual o causador do dano se vincula em litisconsórcio.

b) o agente causador do dano apenas responder à ação de regresso após a pessoa jurídica ter sido condenada a indenizar o lesado.

c) ser possível debater em uma mesma ação judicial a responsabilidade objetiva da pessoa jurídica e a subjetiva do agente causador do dano.

d) ser possível ao particular escolher contra quem moverá a ação indenizatória, contra a pessoa jurídica ou contra o agente causador do dano.

No que se refere à responsabilidade estatal e às disposições do art. 37, § 6º, é possível identificar claramente três sujeitos distintos: (i) o particular, que sofre o dano; (ii) a pessoa jurídica, que responde pelo dano; e (iii) o agente estatal causador do dano.

O entendimento doutrinário e jurisprudencial mais moderno a respeito é no sentido de que o particular não dispõe da opção de promover a ação indenizatória diretamente contra o agente causador do dano. Em última análise, quando o agente causa o dano, é a própria pessoa jurídica a que ele se vincula que está agindo, de modo que é contra ela que se volta o lesado. Ainda que o particular queira promover a ação contra o servidor, ele não tem essa opção.

De qualquer forma, o particular tem a garantia de mover ação contra a pessoa jurídica (de direito público ou de direito privado) prestadora de serviço público, que responderá objetivamente.

Caso condenada, a pessoa jurídica poderá ajuizar ação regressiva contra o seu agente, pleiteando a recomposição de seu patrimônio, nas hipóteses em que o agente tenha agido com dolo ou culpa. Tem-se aí uma garantia para o agente estatal, o qual somente poderá ser réu na ação regressiva se a pessoa jurídica vier a ser condenada. Nesse sentido, o seguinte precedente do STF:

> EMENTA: RECURSO EXTRAORDINÁRIO. ADMINISTRATIVO. RESPONSABILIDADE OBJETIVA DO ESTADO: § 6º DO ART. 37 DA MAGNA CARTA. ILEGITIMIDADE PASSIVA *AD CAUSAM*. AGENTE PÚBLICO (EX-PREFEITO). PRÁTICA DE ATO PRÓPRIO DA FUNÇÃO. DECRETO DE INTERVENÇÃO. O § 6º do art. 37 da Magna Carta autoriza a proposição de que somente as pessoas jurídicas de direito público, ou as pessoas jurídicas de direito privado que prestem serviços públicos, é que poderão responder, objetivamente, pela reparação de danos a terceiros. Isto por ato ou omissão dos respectivos agentes, agindo estes na qualidade de agentes públicos, e não como pessoas comuns. *Esse mesmo dispositivo constitucional consagra, ainda, dupla garantia: uma, em favor do particular, possibilitando-lhe ação indenizatória contra a pessoa jurídica de direito público, ou de direito privado que preste serviço público, dado que bem maior, praticamente certa, a possibilidade de pagamento do dano objetivamente sofrido. Outra garantia, no entanto, em prol do servidor estatal, que somente responde administrativa e civilmente perante a pessoa jurídica a cujo quadro funcional se vincular.*

> Recurso extraordinário a que se nega provimento.
>
> (RE nº 327.904, Relator: Min. Carlos Britto, Primeira Turma, julgado em 15/8/2006, DJ 8/9/2006, p. 43, Ement. Vol. 2.246-03, 454, RTJ Vol. 200-01, p. 162, RNDJ v. 8, n. 86, 2007, p. 75-78).

Correta, portanto, a alternativa **b**.

Quanto à alternativa **d**, está incorreta porque não é possível discutir em um mesmo processo a responsabilização objetiva do Estado e a responsabilização objetiva do agente. Ao particular lesado, em termos de obtenção de sua indenização, pouco interessa se haverá ação regressiva do Estado contra o agente. A ação indenizatória pela responsabilidade objetiva é presumidamente menos complexa do que a ação regressiva, uma vez que não há necessidade de demonstração de culpa. Assim, trazer a discussão sobre a ocorrência de culpa do agente para a ação movida contra o Estado imporia ao particular lesado uma dificuldade desnecessária.

Em suma, primeiro responde à ação movida pelo particular. Depois, em processo separado, se houver culpa, vai exercer o direito de regresso, em ação da qual o particular não participará.

---

14. (FCC/TCE-AP/Analista de Controle Externo/Jurídica/2012) Paciente internado em hospital público estadual sofreu lesão ocasionada por conduta negligente de funcionário público que lhe prestou atendimento médico, resultando na sua incapacitação permanente para o trabalho. Diante dessas circunstâncias, o Estado, com base no disposto no art. 37, § 6º, da Constituição Federal,

a) poderá ser responsabilizado pelos danos sofridos pelo paciente somente após a condenação do funcionário público em processo disciplinar.

b) está obrigado a reparar o dano, podendo exercer o direito de regresso em face do funcionário desde que comprovada a atuação culposa do mesmo.

c) está obrigado, exclusivamente, a compensar o paciente pela incapacitação sofrida, com a concessão de benefício previdenciário por invalidez.

d) somente estará obrigado a reparar o dano se comprovada, em processo judicial, a conduta culposa do funcionário e o nexo de causalidade com o dano sofrido.

e) está obrigado a reparar o dano apenas se comprovada culpa grave ou conduta dolosa do funcionário, em processo administrativo instaurado para esse fim específico.

Comentários

Em hipóteses como a narrada na questão, é objetiva a responsabilidade do Estado. Assim, este responderá perante o particular, independente de ter sido culposa a conduta do agente causador do dano. A verificação quanto a eventual presença de culpa ou dolo somente será necessária quando da promoção de ação regressiva pelo Estado contra o seu agente.

Ação a ser movida pelo lesado independe de qualquer demonstração de culpa do agente ou de ele ter sido condenado em processo disciplinar. Nessa linha, correta a alternativa **b**.

Por fim, a indenização, que decorre do dano causado, é completamente independente de eventual direito previdenciário relativo à invalidez. Não há, portanto, falar em exclusividade desse tipo de benefício, que não tem sequer caráter indenizatório, o que afasta a alternativa **c**.

CAPÍTULO 6

Serviços Públicos/ Concessões e Permissões de Serviços Públicos

1. **(FCC/TCE-AP/Analista de Controle Externo/Meio Ambiente/2012)** A propósito dos elementos definidores e traços característicos dos serviços públicos, é correto afirmar:
   a) Independem de definição por lei, podendo ser de titularidade do Poder Público, quando de natureza não econômica, ou privada, quando passíveis de exploração mediante concessão ou permissão.
   b) São definidos por lei e de titularidade pública ou privada, conforme sua natureza essencial ou econômica.
   c) Independem de definição por lei, bastando sua caracterização como atividade essencial, de titularidade exclusiva do Poder Público.
   d) São definidos por lei e de titularidade do Poder Público, que pode prestá-los diretamente ou sob o regime de concessão ou permissão.
   e) São definidos em lei como obrigação do Poder Público e direito dos cidadãos, devendo ser prestados de forma universal e independentemente de cobrança de tarifa.

Comentários

Não há pleno consenso doutrinário a respeito da definição de serviço público, havendo conceitos mais amplos e outros mais restritos. Contudo, como observa Di Pietro (2010, p. 98),

> combinam-se, em geral, três elementos para a definição: o *material*, (atividade de interesse coletivo), o *subjetivo* (presença do Estado) e o *formal* (procedimento de direito público).

É importante que não se confundam esses *elementos* componentes da definição de serviço com os *critérios* (ou teorias) a respeito da definição, os quais, em busca de delimitação do que seja o serviço público, dão maior prevalência para um ou outro dos elementos.

A doutrina fala, assim, em três principais critérios possíveis:

1. Critério do interesse público (ou material): seria serviço público toda a *atividade voltada à satisfação de interesses coletivos*. Cabe a crítica de que há diversas atividades de interesse coletivo, mas que, nem por isso, configuram serviços públicos.
2. Critério orgânico (ou funcional): serviço público consistiria nas *atividades desenvolvidas pelo Estado*. A imprecisão reside em que o Estado não se coloca na condição própria de Estado sempre que age, de modo que nem toda atividade estatal é serviço público.[31]
3. Critério formal: serviço público é aquilo definido em lei como tal.

Adota-se, no Brasil, o critério formal, ressaltando-se que há disposição constitucional nesse sentido:

> Art. 175. Incumbe ao Poder Público, na forma da lei, diretamente ou sob regime de concessão ou permissão, sempre através de licitação, a prestação de serviços públicos.

Conclui-se, então, que serviço público é definido em lei, mas a sua titularidade é sempre do Poder Público, uma vez que a este incumbe a prestação. Mesmo quando presta o serviço de forma indireta, sob regime de concessão ou permissão (ou ainda por meio das entidades da Administração indireta com personalidade jurídica de direito privado), o Poder Público não deixa de ser o titular do serviço público.

Correta, portanto, a alternativa **d**.

---

2. **(FCC/TCE-AP/Analista de Controle Externo/Meio Ambiente/2012)** Os serviços públicos
   a) devem ser sempre prestados pelo Poder Público, em face de seu caráter essencial.

[31] Observado, ainda, que as correntes restritas, mais aceitas em provas de concursos públicos, excluem do conceito de serviço público, ainda, as funções legislativa e judiciária, bem como as atividades de polícia, fomento e intervenção. Conforme leciona Alexandre Mazza (2011, p. 580), o serviço público é atividade material de natureza ampliativa: tarefa exercida em plano concreto, não apenas normativa ou intelectual e consiste no oferecimento de comodidades ou vantagens aos usuários.

b) podem ter sua titularidade transferida a entidade privada, quando de natureza econômica, mediante concessão.
c) podem ser prestados por particular, apenas a título precário, mediante permissão.
d) não são passíveis de cobrança de tarifa, exceto quando submetidos, por lei, ao regime de concessão.
e) constituem obrigação do Poder Público, que pode prestá-los diretamente ou mediante concessão ou permissão, sempre através de licitação.

Comentários

Está correta a alternativa **e**, que encontra consonância com o art. 175 da Constituição, como já detalhado na questão anterior.

A incorreção da alternativa **a** reside em que é possível que os serviços públicos sejam prestados por particulares, principalmente nos casos expressos na Constituição, concessão e permissão de serviço público. Contudo, mesmo nesses casos, a titularidade permanece com o Poder Público, sendo transferida apenas a execução.

Daí porque incorretas as alternativa **b** e **c**.

Quanto à alternativa **d**, é possível que serviços públicos sejam passíveis de cobrança de tarifa também nos casos de permissão, não somente com a concessão. A principal distinção entre os dois institutos – concessão e permissão – reside na precariedade da permissão, que pode ser discricionariamente extinta por meio de simples ato administrativo. A concessão, ao contrário, é contrato que garante maior segurança ao concessionário. Em ambas, de qualquer forma, é possível a cobrança de tarifas.

3. **(FCC/TRT 20ª Região/Técnico Judiciário/Área Administrativa/2011)** O serviço público não é passível de interrupção ou suspensão afetando o direito de seus usuários, pela própria importância que ele se apresenta, devendo ser colocado à disposição do usuário com qualidade e regularidade, assim como com eficiência e oportunidade. Trata-se do princípio fundamental dos serviços públicos denominado

a) impessoalidade.
b) mutabilidade.
c) continuidade.
d) igualdade.
e) universalidade.

Comentários

A doutrina apresenta diversos princípios aplicáveis aos serviços públicos.

Quanto à alternativa **a**, pode-se dizer, seguindo o pensamento do professor Lucas Furtado (2012, p. 611), que a impessoalidade na prestação dos serviços públicos impõe ao prestador do serviço público que não negue a sua prestação a nenhum usuário, de modo que todos devem receber o mesmo tratamento, sem discriminações, salvo hipóteses devidamente justificadas e previstas em lei (como para idosos, gestantes e deficientes). A impessoalidade poderia ainda ser entendida como um dos aspectos da generalidade, a qual determina o oferecimento ao número mais amplo possível de destinatários, não levando em consideração situações particulares não previstas em lei. (BIZERRA, 2011, p. 105).

Já a mutabilidade dos serviços públicos, também chamado de flexibilidade dos meios aos fins,

> autoriza mudanças do regime de execução do serviço para adaptá-lo ao interesse público, que é variável no tempo. (DI PIETRO, 2010, p. 109).

Daí porque não há, nem para os concessionários de serviços públicos, nem para os usuários, direito adquirido ao regime jurídico que norteia a prestação. Nessa linha, a Administração deve atualizar a prestação do serviço, observando modificações econômicas, jurídicas e técnicas.

O princípio da continuidade dos serviços públicos é que se amolda à descrição da questão, estando correta a alternativa **c**. Parte-se do pressuposto de que os serviços públicos existem para atender a necessidades básicas da população, sendo, portanto, presumidamente essenciais. Por isso mesmo não são passíveis de interrupção.

Mencionada expressamente pela Lei de Concessões e Permissões Públicas (Lei nº 8.987/1995, art. 6º, § 1º), a continuidade impõe que

> os serviços públicos não devam sofrer interrupção, ou seja, sua prestação deve ser contínua para evitar que a paralisação provoque, como às vezes ocorre, o colapso nas múltiplas atividades particulares. (CARVALHO FILHO, 2012, p. 331).

Importante ressaltar que essa vedação à interrupção é uma regra geral, havendo hipóteses de legitimidade de suspensão no fornecimento, até por previsão legal expressa (art. 6º, § 3º, da Lei nº 8.987/1995). De qualquer forma, o princípio da continuidade dos serviços é o que responde à presente questão.

O princípio da igualdade, além da já mencionada impessoalidade na prestação, impõe também não discriminação quanto às tarifas cobradas, impedindo a discriminação tarifária

> em razão de critérios irrelevantes, como sexo ou opção religiosa, admitindo, todavia, diferenciação em razão de circunstâncias de ordem social, como a renda familiar. (FURTADO, 2012, p. 611).

Também a igualdade é motivo para a busca pela universalidade, segundo a qual se deve estender os serviços ao maior número possível de usuários, buscando alcançar todo o território nacional.

4. (FCC/TRT 11ª Região/Analista Judiciário/Execução de Mandados/2012) O Município de Manaus, ao prestar determinado serviço público aos seus munícipes, estabelece tarifas diferenciadas aos respectivos usuários do serviço. Tal conduta

a) é possível em algumas hipóteses como, por exemplo, o estabelecimento de tarifas reduzidas para usuários de menor poder aquisitivo.
b) não é possível, pois a adoção de tarifas diferenciadas sempre implicará distinção de caráter pessoal.
c) é possível, sendo vedada, no entanto, a isenção de tarifas, sob pena de implicar e afronta ao princípio da razoabilidade.
d) não é possível, por violar o princípio da modicidade.
e) é possível, ainda que os usuários tenham as mesmas condições técnicas e jurídicas para a fruição do serviço público.

Comentários

O princípio da igualdade na prestação dos serviços tem como uma das consequências a impossibilidade de cobrança de tarifas com base em discriminações ilegítimas. Contudo, há a possibilidade de imposição de tarifas diferenciadas em situações específicas devidamente justificadas. Trata-se da faceta material – e não meramente formal – do princípio da isonomia (conhecida pela famosa expressão "tratar os desiguais de maneira desigual, na medida de sua desigualdade").

A respeito, há previsão expressa na Lei nº 8.987/1995 de que

> as tarifas poderão ser diferenciadas em função das características técnicas e dos custos específicos provenientes do atendimento aos distintos segmentos de usuários.

Correta, portanto, a alternativa **a**.

Quanto à alternativa **c**, conveniente mencionar o entendimento de Maria Sylvia Zanella Di Pietro (2010, p. 108), para quem, justamente o princípio da razoabilidade autoriza inclusive a isenção de tarifas para idosos, além de tarifas reduzidas para usuários de menor poder aquisitivo.

---

5. **(FCC/TRT 6ª Região/Analista Judiciário/Execução de Mandados/2012)** A respeito dos princípios e regime jurídico aplicável ao serviço público, é correto afirmar que
   a) o princípio da universalidade veda a exploração por regime de concessão de serviços de natureza essencial.
   b) a modicidade tarifária impõe a obrigação do poder concedente de subsidiar a prestação de serviço público por concessionários ou permissionários quando o mesmo se mostrar deficitário.
   c) o princípio da universalidade e da igualdade dos usuários veda a suspensão da prestação de serviço público por inadimplemento do usuário.
   d) o princípio da continuidade do serviço público impede a Administração de encampar o serviço enquanto não selecionar, por procedimento licitatório, nova concessionária ou permissionária.
   e) o princípio da continuidade do serviço público impede o concessionário de rescindir unilateralmente o contrato no caso de descumprimento das normas contratuais pelo poder concedente, devendo intentar ação judicial para esse fim.

Comentários

O princípio da universalidade impõe a busca pelo alcance do maior número possível de usuários, na tentativa de a prestação dos serviços alcançar todo o território. Ao contrário de isso significar uma vedação à concessão, é mais fácil aproximar-se de uma universalização com a participação de particulares. Incorreta a alternativa **a**.

Sobre o princípio da modicidade tarifária, de que trata a alternativa **b**, discorre Alexandre Mazza (2011, p. 585).

> (...) significa que o valor exigido do usuário a título de remuneração pelo uso do serviço deve ser o menor possível, reduzindo-se ao estritamente necessário para remunerar o prestador com acréscimo de pequena margem de lucro. Daí o nome modicidade, que vem de módico, isto é, algo barato, acessível. (...) Tal princípio é um instrumento para atender à universalidade na medida em que, quanto menor o valor exigido, maior a quantidade de usuários beneficiados pela prestação.

Não há, contudo, qualquer imposição de obrigatoriedade ao Poder Público para que subsidie a prestação de serviços deficitários. Para evitar a ocorrência de prejuízos aos concessionários e permissionários, a Lei nº 8.987/1995 já prevê a possibilidade de existência de mecanismos de revisão das tarifas (art. 9º, § 2º), bem como autoriza fontes de receitas alternativas (art. 11).

Incorretas também as alternativas **c** e **d**. É o princípio da continuidade que veda a suspensão do serviço. Mesmo assim, o inadimplemento pelo usuário é uma das exceções em que - conforme o art. 6º, § 3º, da Lei nº 8.987/1995 - a interrupção não configura descontinuidade, desde que haja aviso prévio e seja considerado o interesse da coletividade.

Sobre esse conflito entre o direito de a concessionária interromper o fornecimento para o usuário inadimplente e o interesse da coletividade, há diversos precedentes judiciais interessantes, que apontam no sentido de conferir especial relevância aos serviços públicos essenciais, evitando-se a interrupção do serviço em casos em que isso possa gerar prejuízos à coletividade ou violar direito fundamental (como corte no fornecimento de energia elétrica em hospital ou em residência na qual aparelhos elétricos são essenciais para a manutenção da vida de pessoa enferma) ou quando possa ser feita a cobrança de serviços essenciais por meios próprios e menos gravosos do que a suspensão.

Nessa linha, destaca-se, exemplificativamente, o seguinte precedente:

> PROCESSUAL CIVIL. ADMINISTRATIVO. EMBARGOS DE DIVERGÊNCIA EM RECURSO ESPECIAL. ENERGIA ELÉTRICA. UNIDADES PÚBLICAS ESSENCIAIS, COMO SOEM SER HOSPITAIS; PRONTO-SOCORROS; ESCOLAS; CRECHES; FONTES DE ABASTECIMENTO D'ÁGUA E ILUMINAÇÃO PÚBLICA; E SERVIÇOS DE SEGURANÇA PÚBLICA. INADIMPLÊNCIA. SUSPENSÃO DO FORNECIMENTO. SERVIÇO PÚBLICO ESSENCIAL.

1. *A suspensão do serviço de energia elétrica, por empresa concessionária, em razão de inadimplemento de unidades públicas essenciais – hospitais; pronto-socorros; escolas; creches; fontes de abastecimento d'água e iluminação pública; e serviços de segurança pública –, como forma de compelir o usuário ao pagamento de tarifa ou multa, despreza o interesse da coletividade.*

2. É que resta assente nesta Corte que: "O princípio da continuidade do serviço público assegurado pelo art. 22 do Código de Defesa do Consumidor deve ser obtemperado, ante a exegese do art. 6º, § 3º, II, da Lei nº 8.987/1995 que prevê a possibilidade de interrupção do fornecimento de energia elétrica quando, após aviso, permanecer inadimplente o usuário, considerado o interesse da coletividade.

Precedentes de ambas as Turmas de Direito Público (...)" (REsp nº 845.982/RJ).

3. Deveras, não se concebe a aplicação da legislação infraconstitucional, *in casu*, art. 6º, § 3º, II, da Lei nº 8.987/1995, sem o crivo dos princípios constitucionais, dentre os quais sobressai o da dignidade da pessoa humana, que é um dos fundamentos da República como previsto na Constituição Federal.

4. *In casu*, o acórdão recorrido (REsp nº 845.982/RJ), de relatoria do Ministro Castro Meira, Segunda Turma, decidiu pela impossibilidade de interrupção no fornecimento de energia elétrica das unidades de ensino do Colégio Pedro II, autarquia federal que presta serviço educacional, situado na Cidade do Rio de Janeiro, consoante se infere do voto-condutor: " (...) Entretanto, *in casu*, a concessionária pretende interromper o fornecimento de energia elétrica das unidades de ensino do Colégio Pedro II, autarquia federal que presta serviço educacional a "aproximadamente quinze mil alunos". Ainda que a falta de pagamento pelos entes públicos deva ser repudiada, neste caso, a Corte regional que, ao tempo em que proibiu o corte da energia, também determinou que a verba seja afetada para o pagamento do valor devido, se for o caso, pela requisição de complementação orçamentária. Nas hipóteses em que o consumidor seja pessoa jurídica de direito público, prevalece nesta Turma a tese de que o corte de energia é possível, desde que não aconteça de forma indiscriminada, preservando-se as unidades públicas essenciais (...) Ressalto que a interrupção de fornecimento de energia elétrica de ente público somente é considerada ilegítima quando atinge necessidades inadiáveis da comunidade, entendidas essas – por analogia à Lei de Greve – como "aquelas que, não atendidas, coloquem em perigo iminente a sobrevivência, a saúde ou a segurança da população" (art. 11, parágrafo único, da Lei nº 7.783/1989), aí incluídos,

> hospitais, prontos-socorros, centros de saúde, escolas e creches (...)". O acórdão paradigma (REsp nº 619.610/RS), de relatoria do Ministro Francisco Falcão, Primeira Turma, examinando hipótese análoga, decidiu pela possibilidade de corte no fornecimento de energia elétrica, em razão de inadimplência, em se tratando de Estado-consumidor, mesmo no caso de prestação de serviços públicos essenciais, como a educação, *verbis*: "(...) Com efeito, ainda que se trate o consumidor de ente público, é cabível realizar-se o corte no fornecimento de energia elétrica, mesmo no caso de prestação de serviços públicos essenciais, como a educação, desde que antecedido de comunicação prévia por parte da empresa concessionária, a teor do art. 17 da Lei nº 9.427/1996. Tal entendimento se justifica em atendimento aos interesses da coletividade, na medida em que outros usuários sofrerão os efeitos da inadimplência do Poder Público, podendo gerar uma mora continuada, assim como um mau funcionamento do sistema de fornecimento de energia (...)".
>
> 5. Embargos de divergência rejeitados.
>
> (EREsp nº 845.982/RJ, Rel. Ministro Luiz Fux, Primeira Seção, julgado em 24/6/2009, DJe 3/8/2009)

Por outro lado, uma das consequências do princípio da continuidade dos serviços é justamente

> o reconhecimento de privilégios para a Administração, como o de encampação, o de uso compulsório dos recursos humanos e materiais da empresa contratada, quando necessário para dar continuidade à execução do serviço. (DI PIETRO, 2010, p. 107).

Esse mesmo princípio redunda na inaplicabilidade da exceção de contrato não cumprido pelo particular contra a Administração, de modo que, mesmo que o Poder Público descumpra cláusulas contratuais, deve o contratado socorrer-se do Poder Judiciário para obter a rescisão do contrato, em obediência ao disposto no art. 39 da Lei nº 8.987/1995. Correta a alternativa **e**.

---

6. **(Cespe/MP-PI/Analista Administrativo/2012)** Consideram-se serviços públicos coletivos (*uti universi*) aqueles que têm por finalidade a satisfação individual e direta das necessidades dos cidadãos, como são os de energia elétrica domiciliar e os de uso de linha telefônica.

Comentários

Em relação aos destinatários (ou quanto à maneira como concorrem para satisfazer o interesse geral), os serviços públicos podem ser classificados em *uti universi* (ou gerais) e *uti singuli* (ou individuais).

Deve-se observar que se trata de classificação baseada na determinabilidade dos usuários. Os serviços gerais não permitem a identificação precisa de seus destinatários ou a parcela de serviço utilizada por cada um deles. Caso clássico é o serviço de iluminação pública, que é fruída por uma coletividade impossível de identificar, já que qualquer pessoa, mesmo que não residente nas proximidades do local iluminado pelo Estado pode ser beneficiário.

Diversa é a situação da energia elétrica utilizada residencialmente, em relação a qual é possível identificar a parcela do serviço utilizada por cada usuário (titular da conta), bem como individualizar precisamente cada destinatário. Trata-se, pois de serviço individual.

Incorreta, pois, a assertiva que apresenta como de serviço coletivo a definição de serviço individual.

7. **(Cespe/Previc/Analista Administrativo/2011)** Quanto à maneira como concorrem para a satisfação do interesse geral, alguns serviços sociais, como assistência e previdência social, são considerados serviços *uti singuli*.

Comentários

Definem-se os serviços *uti singuli* ou individuais pela possibilidade de serem identificados precisamente os usuários. Assistência social e previdência social geram benefícios específicos com precisa identificação do destinatário; configuram, sem dúvida, serviços individuais.

Inclusive, Di Pietro (2010, p. 111) menciona-os expressamente ao tratar do tema:

> Serviços *uti singuli* são aqueles que têm por finalidade a satisfação individual e direta das necessidades dos cidadãos. Pelo conceito restrito de serviço público adotado por Celso Antônio Bandeira de Mello, só esta categoria constitui serviço público: prestação de utilidade ou comodidade fruível diretamente pela comunidade. Entram nessa categoria

> determinados serviços comerciais e industriais do Estado (energia elétrica, luz, gás, transportes) e de serviços sociais (ensino, saúde, *assistência* e *previdência social*).

Correta a assertiva.

8. (FCC/TJ-PE/Técnico Judiciário/Área Administrativa/2012) Os serviços de preservação da saúde pública e os de polícia, dentre outros, são considerados serviços

a) públicos ou impróprios do Estado e também administrativos.
b) de utilidade pública, assim como impróprios do Estado ou *uti singuli*.
c) públicos, assim como, próprios do Estado ou *uti universi*.
d) públicos ou semicomerciais e também administrativos.
e) de utilidade pública, e também próprios do Estado ou *uti singuli*.

Comentários

A respeito da classificação que divide os serviços públicos em próprios e impróprios, Di Pietro (2010, p. 109) discorre:

> Essa classificação foi feita originariamente por Arnaldo de Valles e divulgada por Rafael Bielsa.
>
> Para esses autores, serviços públicos próprios são aqueles que, atendendo a necessidades coletivas, o Estado assume como seus e os executa diretamente (por meio de seus agentes) ou indiretamente (por meio de concessionários e permissionários).
>
> E serviços públicos impróprios são os que, embora atendendo também a necessidades coletivas, como os anteriores, não são assumidos nem executados pelo Estado, seja direta ou indiretamente, mas apenas por ele autorizados, regulamentados e fiscalizados/ eles correspondem a atividades privadas e recebem impropriamente o nome de serviços públicos, porque atendem a necessidades de interesse geral; vale dizer que, por serem atividades privadas são exercidas por particulares, mas, por atenderem a necessidades coletivas, dependem de autorização do Poder Público, sendo por ele regulamentadas e fiscalizadas; ou seja, estão sujeitas a maior ingerência do poder de polícia do Estado.

Vale a ressalva de que os chamados serviços públicos impróprios não seriam precisamente serviços públicos, já que, entre nós, adota-se o critério formal, segundo o qual serviços públicos são aqueles que a lei define como tal e atribui ao Estado a prestação (direta ou indireta, conforme art. 175 da CF).

Assim, saúde pública e serviços de polícia[32], atribuídos e exercidos pelo Estado (embora não exclusivamente no caso do primeiro) são serviços públicos próprios. Seriam assim classificados mesmo por Hely Lopes Meirelles (2010, p. 353), que empresta sentido um pouco diferente a essa divisão entre próprios e impróprios, tomando por base o tipo de interesse a ser tutelado, se essencial ou não.[33]

Os chamados serviços públicos administrativos, mencionados nas alternativas **a** e **c** são os que

> a Administração executa para atender a suas necessidades internas ou preparar outros serviços que serão prestados ao público (MEIRELLES, 2010, p. 353).

Já os serviços de utilidade pública (alternativas **b** e **e**)

> são os que a Administração, reconhecendo sua conveniência (não essencialidade, nem necessidade) para os membros da coletividade, presta-os diretamente ou aquiesce em que sejam prestados por terceiros nas condições regulamentadas e sob seu controle, mas por conta e risco dos prestadores, mediante remuneração dos usuários.

Os serviços mencionados na questão não se enquadram em nenhuma das categorias.

Por fim, preservação da saúde pública, por meio de políticas de saneamento, por exemplo, e polícia são serviços coletivos; satisfazem indiscriminadamente à população e não são mensuráveis na utilização (indivisíveis). Classificam-se, pois, como *uti universi*.

Correta a alternativa **c**.

---

[32] A interpretação mais adequada da questão aponta no sentido de que se trata de polícia de segurança pública (CF, art. 144), até porque, para muitos autores, o exercício do Poder de Polícia, por configurar atividade negativa, nem mesmo pode ser considerado serviço público.

[33] Para Hely Lopes Meirelles (2010, p. 353), "serviços próprios do Estado são que aqueles que se relacionam intimamente com as atribuições do Poder Público (segurança, polícia, higiene, saúde públicas etc.) e para a execução dos quais a Administração usa da sua supremacia sobre os administrados. Por esta razão, só devem ser prestados por órgãos ou entidades públicas, sem delegação a particulares. Tais serviços, por sua essencialidade, geralmente são gratuitos ou de baixa remuneração, para que fiquem ao alcance de todos os membros da coletividade. Serviços impróprios do Estado são os que não afetam substancialmente as necessidades da comunidade, mas satisfazem interesses comuns de seus membros, e, por isso, a Administração os presta remuneradamente, por seus órgãos ou entidades descentralizadas, ou delega a sua prestação a concessionários, permissionários ou autorizatários."

9. **(Cespe/Correios/Advogado/2011)** No tocante ao critério da exclusividade, o serviço postal e o Correio Aéreo Nacional são considerados exemplos de serviços públicos exclusivos.

Comentários

Serviços públicos podem ser classificados quanto à exclusividade na prestação pelo Estado em exclusivos e não exclusivos. Os primeiros, como o próprio nome indica, são aqueles que somente o Estado pode prestar (ainda que indiretamente).

> Na Constituição, encontram-se exemplos de serviços públicos exclusivos, como o *serviço postal e o correio aéreo nacional (art. 21, X)*, os serviços de telecomunicações (art. 21, X), os de radiodifusão, energia elétrica, navegação aérea, transporte e demais indicados no art. 21, XII, o serviço de gás canalizado. (DI PIETRO, 2010, p. 112).

Correta, portanto, assertiva.

Já os serviços não exclusivos são aqueles que podem ser prestados pelos particulares, mas mediante autorização do Poder Público. É o caso dos serviços de saúde, educação e assistência social.

10. **(FCC/TCE-SP/Agente de Fiscalização Financeira/2012)** De acordo com a Constituição Federal, a prestação de serviço público por particular é
a) vedada, em qualquer hipótese.
b) permitida, apenas quando se tratar de serviço não essencial, passível de cobrança de tarifa.
c) possível, apenas para aqueles serviços de titularidade não exclusiva de Estado.
d) vedada, exceto quando contar com autorização legislativa específica.
e) permitida, na forma da lei, mediante concessão ou permissão, precedida de licitação.

Comentários

É importante observar inicialmente que a redação do art. 175 da Constituição parecer apontar no sentido de que serviços públicos são prestados pelo Estado. Mesmo nos casos de delegação e permissão, tratar-se-ia de *prestação indireta* pelo Estado, com *execução* realizada pelo particular. Todavia, a doutrina – tampouco as bancas examinadoras – não adota essa distinção de maneira precisa, interpretando no artigo no sentido de ser possível a afirmação de que os particulares ficam responsáveis pela *prestação* serviços públicos. O que se não pode olvidar é que, mesmo sendo possível afirmar que concessionários ou permissionários prestam serviços públicos, a titularidade sobre os serviços não é transferida, remanescendo com o Poder Público.

O dispositivo em tela dispõe ser incumbência do Poder Público, na forma da lei, a prestação de serviços públicos, podendo fazê-lo diretamente ou, ainda, indiretamente, por meio de concessões ou permissões, sempre precedidas de licitação. O dispositivo, ao menos textualmente, não faz distinção entre as classificações de serviços públicos para essas finalidades. Como visto nas questões anteriores, até mesmo serviços exclusivos do Estado podem ser prestados (ou, mais precisamente, executados por particulares, conforme observações do parágrafo anterior) por particulares.

Nesse sentido, correta a alternativa **e**.

11. (Cespe/Assembleia Legislativa/CE/Analista/Direito/2011) A prestação de serviços públicos sob o regime de delegação deve ser classificada como prestação indireta, permanecendo a titularidade do serviço com o Poder Público.

Comentários

Conforme prevê a própria Constituição (art. 175), a concessão, assim como a permissão, configura modalidade de prestação indireta de serviços públicos pelo Estado. Assim, a doutrina é pacífica em afirmar que, por meio da concessão, não se transfere a titularidade, mas apenas a sua execução (ou prestação).

A concessão de serviço público tem natureza de contrato e a manutenção do Poder Público como titular do serviço é que lhe permite dispor do serviço de acordo com o interesse público e alterar cláusulas contratuais ou até mesmo rescindir o contrato em nome desse interesse. A assertiva está correta.

12. (Cespe/Assembleia Legislativa/CE/Analista/Direito/2011) As concessões de serviço público devem ser sempre precedidas de licitação, na modalidade *tomada de preços.*

Comentários

A assertiva contraria o disposto no art. 2º da Lei nº 8.987/1995, que apresenta definições:

> Art. 2º Para os fins do disposto nesta Lei, considera-se:
>
> (...)
>
> II – concessão de serviço público: a delegação de sua prestação, feita pelo poder concedente, mediante licitação, na modalidade de concorrência, à pessoa jurídica ou consórcio de empresas que demonstre capacidade para seu desempenho, por sua conta e risco e por prazo determinado;

Vê-se, pois, que a licitação que precede a concessão de serviço público deve ocorrer na modalidade de concorrência, não tomada de preços.

13. (Cespe/MP-PI/Analista Processual/2012) Embora a concessão de serviço público exija a prévia realização de procedimento licitatório, é admitida a declaração de inexigibilidade quando há a demonstração da inviabilidade de competição.

Comentários

A respeito do dever de licitar para que façam concessões de serviços públicos, Di Pietro (2010, p. 295) explica que o art. 175, ao dispor que a concessão é sempre precedida de licitação, não fez a ressalva contida no art. 37, XXI, o qual autoriza contratação direta nos casos previstos em lei.

Justamente por isso não seriam aplicáveis às concessões as hipóteses de dispensa de licitação previstas na Lei de Licitações - Lei nº 8.666/1993. Contudo, para a autora, é possível[34] a declaração de inexigibilidade, quando se demonstre a inviabilidade de competição.

Correta, portanto, a assertiva.

14. (FCC/INSS/Técnico do Seguro Social/2012) Em relação à extinção do contrato de concessão, é correto afirmar que

a) caducidade é a resilição unilateral antes de findo o prazo de concessão, que se consubstancia na retomada do serviço pelo poder concedente por razões de interesse público.

[34] Convém ressaltar o entendimento do professor Lucas Rocha Furtado (2012, p. 483), para quem a ausência da ressalva no art. 175 da CF sobre hipóteses de contratação direta significa proibição, além da dispensa, também à declaração de inexigibilidade: "Em relação ao dever de licitar, não obstante a Lei nº 8.666/1993 possa ser utilizada subsidiariamente para disciplinar as concessões de serviço público naquilo que não tenha sido regulado pela Lei nº 8.987/1995, não é possível utilizar as hipóteses de dispensa ou de inexigibilidade (...). O tratamento diferenciado entre os dois regimes decorre da própria Constituição Federal. Em relação aos contratos de obra, compra, serviço e alienação, eles deverão ser licitados 'ressalvados os casos especificados na legislação'. Ao tratar das concessões, o art. 175, *caput*, do texto constitucional é inequívoco ao afirmar que a celebração do contrato de concessão dar-se-á sempre através de licitação". Feita a ressalva, é importante ressaltar que o entendimento da professora tem sido referendado em provas de concurso.

b) reversão é a resilição unilateral da concessão que se consubstancia na retomada do serviço pelo poder concedente por razões de interesse público.

c) encampação é a extinção unilateral da concessão por motivo de inadimplemento contratual, não cabendo, portanto, indenização ao concessionário pelos prejuízos que sofrer.

d) reversão é a rescisão unilateral da concessão por motivo de inadimplemento contratual do concessionário, cabendo indenização pela interrupção do contrato antes de findo seu prazo.

e) encampação é a retomada do serviço pelo poder concedente por razões de interesse público, durante o prazo de concessão, mediante lei autorizativa específica.

Comentários

A Lei nº 8.987/1995 prevê, no art. 35, hipóteses de extinção da concessão, *verbis*:

> Art. 35. Extingue-se a concessão por:
>
> I – advento do termo contratual;
>
> II – encampação;
>
> III – caducidade;
>
> IV – rescisão;
>
> V – anulação; e
>
> VI – falência ou extinção da empresa concessionária e falecimento ou incapacidade do titular, no caso de empresa individual.

Quanto às alternativas **a** e **b**, a própria lei (art. 37) define a encampação, não a caducidade, como

> a retomada do serviço pelo poder concedente durante o prazo da concessão, por motivo de interesse público, mediante lei autorizativa específica e após prévio pagamento da indenização, na forma do artigo anterior.

O dispositivo transcrito trata da necessidade de lei autorizativa específica, revelando o acerto da alternativa **e**.

A caducidade, conforme o art. 48 da Lei nº 8.987/1995, pode ocorrer em razão da inexecução total ou parcial do contrato. Já a reversão, que é possível em qualquer dos casos de extinção do contrato de concessão, consiste na incorporação, ao patrimônio do poder concedente, dos bens do concessionário necessários à realização do serviço público (mediante indenização), em respeito ao princípio da continuidade do serviço público.

Por fim, quanto à alternativa **c**, é a caducidade que enseja extinção da concessão em razão de inadimplemento do contrato. Mesmo nesses casos, é cabível indenização, embora ela não precise ser prévia (art. 38, § 4º, da Lei nº 8.987/1995).

15. (FCC/TRE-CE/Analista Judiciário/Área Judiciária/2012) Na concessão de serviço público, a rescisão unilateral por motivo de inadimplemento contratual denomina-se

a) retrocessão.
b) encampação.
c) reversão.
d) caducidade.
e) adjudicação.

Comentários

Como visto na questão anterior, a caducidade consiste na extinção do contrato em razão de descumprimento do contrato (inexecução total ou parcial) pela concessionária. O art. 38 da Lei nº 8.987/1995 apresenta as hipóteses:

> Art. 38. A inexecução total ou parcial do contrato acarretará, a critério do poder concedente, a declaração de caducidade da concessão ou a aplicação das sanções contratuais, respeitadas as disposições deste artigo, do art. 27, e as normas convencionadas entre as partes.
>
> § 1º A caducidade da concessão poderá ser declarada pelo poder concedente quando:
>
> I – o serviço estiver sendo prestado de forma inadequada ou deficiente, tendo por base as normas, critérios, indicadores e parâmetros definidores da qualidade do serviço;
>
> II – a concessionária descumprir cláusulas contratuais ou disposições legais ou regulamentares concernentes à concessão;
>
> III – a concessionária paralisar o serviço ou concorrer para tanto, ressalvadas as hipóteses decorrentes de caso fortuito ou força maior;
>
> IV – a concessionária perder as condições econômicas, técnicas ou operacionais para manter a adequada prestação do serviço concedido;

> V – a concessionária não cumprir as penalidades impostas por infrações, nos devidos prazos;
>
> VI – a concessionária não atender a intimação do poder concedente no sentido de regularizar a prestação do serviço; e
>
> VII – a concessionária for condenada em sentença transitada em julgado por sonegação de tributos, inclusive contribuições sociais.

Correta a alternativa **d**.

---

16. **(Cesgranrio/Caixa/Advogado/2012)** Com o objetivo de assegurar a adequação na prestação do serviço, bem como o fiel cumprimento das normas contratuais, regulamentares e legais pertinentes, o poder concedente pode intervir na concessão por prazo determinado.
Para sua formalização, a intervenção pressupõe

a) lei autorizativa.
b) lei complementar.
c) autorização judicial.
d) decreto do poder concedente.
e) resolução da agência reguladora competente.

Comentários

A intervenção na concessão não é uma modalidade de extinção. Ela deve ser utilizada em situações em que sejam identificadas falhas na prestação do serviço e com o propósito de apontar as causas dessas falhas e meios para a correção. (FURTADO, 2012, p. 493).

Ela está regulada nos arts. 32 a 34 da Lei nº 8.987/1995 e o seu instrumento é um decreto do poder concedente, em conformidade com o disposto no art. 32:

> Art. 32. O poder concedente poderá intervir na concessão, com o fim de assegurar a adequação na prestação do serviço, bem como o fiel cumprimento das normas contratuais, regulamentares e legais pertinentes.
>
> *Parágrafo único.* A intervenção far-se-á por decreto do poder concedente, que conterá a designação do interventor, o prazo da intervenção e os objetivos e limites da medida.

A alternativa **d** apresenta a resposta correta.

---

17. **(FCC/TJ-GO/Juiz/2012)** No tocante ao regime da concessão de serviços públicos, na sua forma tradicional, a Lei Federal nº 8.987/1995

a) condiciona a outorga de subconcessão, a transferência da concessão e a transferência do controle societário da concessionária à expressa concordância do poder concedente.

b) admite a possibilidade de subconcessão, desde que haja previsão no contrato original de concessão, o que torna dispensável nova autorização do poder concedente.

c) exige que a transferência da concessão seja expressamente autorizada pelo poder concedente, mas nada estabelece no tocante à transferência do controle societário da concessionária.

d) veda a subconcessão do serviço delegado, pois o contrato de concessão é *intuitu personae.*

e) permite a transferência da concessão, mediante a realização prévia de concorrência para a escolha do novo concessionário.

Comentários

A subconcessão é admitida, nos termos do art. 26 da Lei nº 8.987/1995, desde que seja expressamente autorizada pelo poder concedente e precedida de concorrência.

Em semelhante sentido, o art. 27 dispõe que

> a transferência de concessão ou do controle societário da concessionária sem prévia anuência do poder concedente implicará a caducidade da concessão.

Nessas hipóteses, para que o poder concedente possa anuir, é que o pretendente à transferência atenda às exigências de capacidade técnica, regularidade jurídica e fiscal, além de idoneidade financeira para assunção do serviço, comprometendo-se, ainda, a cumprir as cláusulas do contrato em vigor.

Assim, está correta a alternativa **a**.

18. **(Consulplan/TSE/Técnico Judiciário/Área Administrativa/2012)** Em relação às formas de descentralização, analise.

I. A concessão é a delegação da prestação de serviço público.

II. A permissão ocorre por meio de contrato de adesão.
III. A autorização é um ato administrativo precário, unilateral e discricionário.

Assinale
a) se apenas as afirmativas I e II estiverem corretas.
b) se apenas as afirmativas I e III estiverem corretas.
c) se apenas as afirmativas II e III estiverem corretas.
d) se todas as afirmativas estiverem corretas.

Comentários

Está correto o item I. Como visto nas questões anteriores, a concessão é contrato por meio do qual o Poder Público transfere a execução de serviço público a particular. Trata-se de forma de delegação da prestação do serviço.

Há polêmica doutrinária sobre a natureza da permissão, em relação à qual à precariedade, historicamente, justificou a utilização de ato unilateral da Administração como meio de formalização. Contudo, há menção constitucional expressão - art. 175, I - à existência de um contrato de permissão e, seguindo essa linha, o art. 40 da Lei nº 8.987/1995, embora reafirme a precariedade e a revogabilidade unilateral pelo poder concedente, dispõe que a permissão de serviço público será formalizada mediante contrato de adesão.

No ponto, cabe destacar o posicionamento do professor Lucas Rocha Furtado (2012, p. 504)

> Temos no dispositivo legal, evidente contradição conceitual. Quando menciona a existência de contrato revogável, a lei incorre em contradição que se explica, talvez, em razão de que a revogabilidade unilateral sempre se apresentou, juntamente com a precariedade, como característica da permissão.
>
> Ora, se o instrumento adequado para formalizar a permissão é o contrato, ainda que de adesão, deveria a lei ter admitido a sua rescisão, e não a sua revogabilidade unilateral. Revogáveis são os atos administrativos, que se aperfeiçoam pela manifestação unilateral de vontade do Poder Público, não os contratos.
>
> Não obstante parte da doutrina insista em que a permissão seja formalizada por meio de ato unilateral, a questão já nos parece superada, inclusive no âmbito do Supremo Tribunal Federal (*vide* ADI nº 1.668-MC-DF). O Direito Administrativo se pauta pela Constituição

> Federal e pela lei. Se tanto o texto constitucional quanto a lei fazem expressa menção à natureza contratual da permissão, não subsiste qualquer razão de ordem formal, de dogmática jurídica, ou material para nos prendermos a opiniões doutrinárias contrárias ao que dispõem os textos vigentes.
>
> A precariedade da permissão pode ser mantida não obstante a sua natureza contratual, e não obstante possa o Poder Público ser obrigado a ressarcir prejuízos sofridos pelo permissionário na eventualidade de extinção unilateral da permissão antes de expirada a vigência do contrato por razões de conveniência e oportunidade.

Respeitada a previsão expressa do mencionado art. 40, correto também o item II.

Por fim, correto também o item III. É a autorização de serviço público um ato unilateral, precário e também discricionário por meio do qual a Administração delega a execução de serviço, com a particularidade de que normalmente o particular executa o serviço predominantemente em benefício próprio. (DI PIETRO, 2010, p. 303).

GABARITO
Questões Comentadas

CAPÍTULO 1

1. E
2. C
3. a
4. E
5. a
6. a
7. E
8. d
9. e
10. E
11. C
12. C
13. C
14. c
15. c
16. C
17. b
18. E
19. b
20. c
21. b
22. E
23. E
24. e
25. b
26. d

CAPÍTULO 2

1. a
2. E
3. b
4. d
5. e
6. e
7. e
8. E
9. a
10. C
11. E
12. C
13. E
14. C
15. c
16. b
17. C
18. e

CAPÍTULO 3

1. C
2. c
3. a
4. C
5. c
6. c
7. e
8. C
9. d
10. E
11. a
12. c
13. e
14. e

CAPÍTULO 4

1. c
2. E
3. b
4. e
5. E
6. b
7. d
8. E
9. c
10. E
11. b
12. d
13. d
14. c
15. C
16. E
17. b
18. d
19. E
20. E
21. C
22. e
23. C
24. d
25. e

CAPÍTULO 5

1. C
2. b
3. E
4. C
5. b
6. b
7. c
8. C
9. c
10. E
11. e
12. a
13. b
14. b

CAPÍTULO 6

1. d
2. e
3. c
4. a
5. e
6. E
7. C
8. c
9. C
10. e
11. C
12. E
13. C
14. e
15. d
16. d
17. a
18. d

SIMULADO

PRINCÍPIOS DA ADMINISTRAÇÃO PÚBLICA

1. **(FCC/TRE-SP/Analista Judiciário/Área Administrativa/2012)** De acordo com a Constituição Federal, constituem princípios aplicáveis à Administração Pública os da legalidade, impessoalidade, moralidade, publicidade e eficiência. Tais princípios aplicam-se às entidades
   a) de direito público, excluídas as empresas públicas e sociedades de economia mista que atuam em regime de competição no mercado.
   b) de direito público e privado, exceto o princípio da eficiência que é dirigido às entidades da Administração indireta que atuam em regime de competição no mercado.
   c) integrantes da Administração Pública direta e indireta e às entidades privadas que recebam recursos ou subvenção pública.
   d) integrantes da Administração Pública direta e indireta, independentemente da natureza pública ou privada da entidade.
   e) públicas ou privadas, prestadoras de serviço público, ainda que não integrantes da Administração Pública.

2. **(Consulplan/Prefeitura de Campo Verde-MT/Contador/2010)** O administrador não pode fazer prevalecer sua vontade pessoal; sua atuação tem que cingir ao que a lei impõe. Essa limitação do administrador é que, em última instância, garante os indivíduos contra abusos de conduta e desvios de objetivos". De acordo com os princípios que norteiam a licitação, a afirmativa anterior reflete o princípio da:
   a) publicidade.
   b) moralidade e da impessoalidade.
   c) igualdade.
   d) legalidade.
   e) probidade administrativa.

3. **(Cespe/MP-PI/Técnico Administrativo/2012)** O princípio da impessoalidade em relação à atuação administrativa impede que o ato administrativo seja praticado visando a interesses do agente público que o praticou ou, ainda, de terceiros, devendo ater-se, obrigatoriamente, à vontade da lei, comando geral e abstrato em essência.

4. **(Cesgranrio/CEF/Técnico Bancário/2012)** Creso, servidor do órgão W, vinculado a determinado estado federado, foi surpreendido com recomendação

verbal de que deveria atender, em horário especial fora do expediente, pessoas vinculadas a determinada associação e que os problemas dessa associação deveriam ter preferência sobre os demais que estivessem sob sua responsabilidade. Sob a ótica dos princípios constitucionais da Administração Pública, tal prática, fere, predominantemente, o princípio da

a) publicidade.
b) impessoalidade.
c) eficiência.
d) indisponibilidade.
e) continuidade.

5. **(Cespe/MP-PI/Analista Administrativo/2012)** A supremacia do interesse público é o que legitima a atividade do administrador público. Assim, um ato de interesse público, mesmo que não seja condizente com a lei, pode ser considerado válido pelo princípio maior da supremacia do interesse público.

6. **(FCC/TRT 23ª Região/Juiz/2011)** De acordo com Súmula do Supremo Tribunal Federal, a Administração Pública pode anular seus próprios atos, quando eivados de vícios que os tornam ilegais, ou revogá-los, por motivo de conveniência ou oportunidade.

7. **(FCC/TRE-AC/Técnico Judiciário/Área Administrativa/2010)** Quando se fala em vedação de imposição de obrigações, restrições e sanções em medida superior àquelas estritamente necessárias ao atendimento do interesse público, está-se referindo ao princípio da

a) legalidade.
b) motivação.
c) proporcionalidade.
d) moralidade.
e) impessoalidade.

8. **(Cespe/TCU/Auditor Federal de Controle Externo/TI/2010)** Os princípios da razoabilidade e da proporcionalidade estão expressos no texto da CF.

9. **(FCC/TJ-PE/Técnico Judiciário/Área Administrativa/2012)** Tendo em vista os princípios constitucionais que regem a Administração Pública, é incorreto afirmar que a

a) eficiência, além de desempenhada com legalidade, exige resultados positivos para o serviço público e satisfatório atendimento das necessidades da comunidade e de seus membros.
b) lei para o particular significa pode fazer assim, e para o administrador público significa deve fazer assim.
c) moral administrativa é o conjunto de regras que, para disciplinar o exercício do poder discricionário da Administração, o superior hierárquico impõe aos seus subordinados.
d) publicidade não é elemento formativo do ato; é requisito de eficácia e moralidade.
e) impessoalidade permite ao administrador público buscar objetivos ainda que sem finalidade pública e no interesse de terceiros.

ORGANIZAÇÃO DA ADMINISTRAÇÃO PÚBLICA

10. (FGV/OAB/2011) É correto afirmar que a desconcentração administrativa ocorre quando um ente político

a) cria, mediante lei, órgãos internos em sua própria estrutura para organizar a gestão administrativa.
b) cria, por lei específica, uma nova pessoa jurídica de direito público para auxiliar a Administração Pública direta.
c) autoriza a criação, por lei e por prazo indeterminado, de uma nova pessoa jurídica de direito privado para auxiliar a Administração Pública.
d) contrata, mediante concessão de serviço público, por prazo determinado, uma pessoa jurídica de direito público ou privado para desempenhar uma atividade típica da Administração Pública.

11. (FCC/TRT 11ª Região/Analista Judiciário/Execução de Mandados/2012) Considere as seguintes assertivas.

I. Pode adotar uma das modalidades de sociedade disciplinadas pela legislação comercial.

II. Seja de âmbito federal, estadual ou municipal, tem capital inteiramente público, ou seja, dele somente podem participar pessoas jurídicas de direito público.

III. Não pode adotar a forma de sociedade unipessoal.

IV. Se for de âmbito federal, terá seus litígios processados e julgados obrigatoriamente na Justiça Federal.

No que concerne à empresa pública, está correto o que se afirma apenas em

a) I, II e IV.
b) I e III.
c) I e IV.
d) II e III.
e) III e IV.

12. (FGV/TRE-PA/Técnico Judiciário/Área Administrativa/2011) É considerado requisito para a qualificação de autarquia ou fundação como agência executiva

a) ter celebrado contrato de prestação de serviços por, no mínimo, um ano com o respectivo Ministério Supervisor.
b) ter celebrado contrato de permissão e/ou concessão com o respectivo Ministério Supervisor.
c) ter plano estratégico de reestruturação e de desenvolvimento institucional concluído há, no mínimo, seis meses.
d) ter celebrado contrato de gestão com o respectivo Ministério Superior.
e) ter plano estratégico de reestruturação e de desenvolvimento institucional concluído há, no mínimo, um ano.

13. (Consulplan/TSE/Analista Judiciário/Área Judiciária/2012) No que tange às pessoas jurídicas integrantes da Administração Pública, é correto afirmar que

a) os consórcios públicos sempre serão pessoas jurídicas de direito público.
b) a parceria público-privada poderá ser celebrada na modalidade de concessão patrocinada ou administrativa.
c) a sociedade de economia mista, em nenhuma hipótese, pode negociar suas ações em bolsa de valores.
d) em razão de sua natureza jurídica, as empresas públicas são criadas diretamente pela lei.

14. (FGV/Sefaz-RJ/Auditor/2011) A respeito do regime jurídico aplicável às entidades da Administração Pública, considere as seguintes afirmativas:

I. As empresas públicas são pessoas jurídicas de direito privado e integram a Administração Pública indireta do ente federativo respectivo.

II. Os consórcios públicos são pessoas jurídicas de direito privado e integram a Administração indireta de todos os entes da Federação consorciados.

III. As sociedades de economia mista submetem-se ao limite máximo de remuneração previsto no art. 37, inciso XI, da Constituição da República (subsídio mensal, em espécie, dos ministros do Supremo Tribunal Federal) caso recebam recursos da União, dos Estados, do Distrito Federal ou dos Municípios para pagamento de despesas de pessoal ou de custeio em geral.

Assinale

a) se apenas a afirmativa I estiver correta.
b) se apenas a afirmativa II estiver correta.
c) se apenas a afirmativa III estiver correta.
d) se apenas as afirmativas I e III estiverem corretas.
e) se apenas as afirmativas II e III estiverem corretas.

15. **(FCC/TJ-RJ/Analista Judiciário/2012)** Com relação às prerrogativas e sujeições dos entes que integram a Administração indireta, tem-se que as

a) empresas públicas submetem-se ao processo especial de execução previsto no art. 100 da Constituição Federal e gozam de imunidade tributária relativa a impostos sobre o patrimônio.
b) autarquias gozam de imunidade tributária relativa a impostos sobre o patrimônio e seus bens estão protegidos pela impenhorabilidade, submetendo-se, ainda à tutela do ente instituidor.
c) empresas públicas submetem-se ao processo especial de execução previsto no art. 100 da Constituição Federal, o que não afasta a submissão à tutela do ente que as instituiu.
d) fundações públicas e as autarquias submetem-se ao regime geral de execução, embora gozem de imunidade tributária relativa a impostos sobre o patrimônio.
e) fundações, ainda que públicas, submetem-se ao regime jurídico de direito privado, o que afasta a imunidade tributária relativa a impostos sobre o patrimônio e a submissão à tutela do ente que as instituiu.

PODERES ADMINISTRATIVOS

16. **(Consulplan/TSE/Técnico Judiciário/Área Administrativa/2012)** Sobre o tema poderes administrativos, marque a alternativa correta.

a) É pacífico o entendimento de que os poderes administrativos são renunciáveis.
b) Regulamento autônomo é aquele que complementa a lei, permitindo a sua fiel execução.
c) Hierarquia é o escalonamento em plano horizontal dos órgãos e agentes da Administração, estabelecendo uma relação de coordenação.
d) O poder disciplinar permite a aplicação de sanções dos servidores da Administração Pública por infração funcional.

17. **(FCC/TRT 4ª Região/Analista Judiciário/Área Judiciária/2011)** É correta a afirmação de que o exercício do poder regulamentar está consubstanciado na competência

a) das autoridades hierarquicamente superiores das administrações direta e indireta, para a prática de atos administrativos vinculados, objetivando delimitar o âmbito de aplicabilidade das leis.

b) dos Chefes dos Poderes Executivo, Legislativo e Judiciário, objetivando a fiel aplicação das leis, mediante atos administrativos expedidos sob a forma de homologação.

c) originária dos Ministros e Secretários estaduais, de editarem atos administrativos destinados a esclarecer a aplicabilidade das leis ordinárias.

d) dos Chefes do Poder Executivo para editar atos administrativos normativos destinados a dar fiel execução às leis.

e) do Chefe do Poder Executivo Federal, com a finalidade de editar atos administrativos de gestão, para esclarecer textos controversos de normas federais.

18. **(FCC/TRT 11ª Região/Analista Judiciário/Área Judiciária/2012)** A Administração Pública, ao tomar conhecimento de infrações, cometidas por estudantes de uma escola pública, utiliza-se de um de seus poderes administrativos, qual seja, o poder disciplinar. Nesse caso, a Administração Pública

a) poderia utilizar-se de tal poder contra os estudantes da escola pública.

b) não poderia utilizar-se de tal poder, porém, pode impor sanções aos estudantes, com fundamento no poder de polícia do Estado.

c) poderia utilizar-se de tal poder, no entanto, ele está limitado à fase de averiguação, não cabendo à Administração, nessa hipótese, punir.

d) não poderia utilizar-se de tal poder, vez que ele somente é aplicável aos servidores públicos.

e) poderia utilizar-se de tal poder, que, nessa hipótese, será discricionário, ou seja, pode a Administração escolher entre punir e não punir.

19. **(Fumarc/PM-MG/Oficial/2011)** É atributo do Poder de Polícia Administrativa:

a) O princípio da autotutela, que garante a capacidade da Administração de tratar de seus próprios assuntos, inclusive de sua autofiscalização e controle.

b) A autoexecutoriedade, que é a oportunidade de decidir sobre quais campos atuar, sem limitações de legitimidade.

c) A coercibilidade, que é a capacidade de materializar os mandamentos por meio da imposição de força, se for necessário.

d) A discricionariedade, que é a liberdade de escolher os objetos de decisão, independentemente da competência específica.

20. **(Cespe/MP-PI/Analista Processual/2012)** O atributo da exigibilidade, presente no exercício do poder de polícia, ocorre quando a Administração Pública se vale de meios indiretos de coação para que o particular exerça seu direito individual em benefício do interesse público, tal como a não concessão de licenciamento do veículo enquanto não forem pagas as multas de trânsito.

21. **(Fundep/MP-MG/Promotor/2011)** Um agente fiscal de determinado órgão da Administração Pública deparou-se com a venda de produtos aparentemente impróprios ao consumo e que causam risco à vida e à saúde das pessoas. A empresa responsável foi autuada por prática infrativa e os produtos tidos como impróprios foram imediatamente apreendidos. Partindo do pressuposto de que a atividade fiscalizatória levada a efeito se desenvolveu de maneira regular sob todos os aspectos, assinale a assertiva correta.

a) A apreensão dos produtos, nesse caso, deriva do poder de polícia administrativo.

b) A apreensão dos produtos foi possível graças ao poder hierárquico inerente à Administração e que decorre do princípio da supremacia do interesse público.

c) A apreensão dos produtos foi possível graças aos poderes normativo e regulador exercidos pelo agente fiscal na ocasião.

d) A apreensão dos produtos, nesse caso, é derivada da intervenção do Estado sobre a propriedade e bens particulares em razão da inobservância de sua função social.

ATOS ADMINISTRATIVOS

22. **(FCC/TRE-PR/Técnico Judiciário/Área Administrativa/2012)** Quando se está diante de uma situação concreta que enseja a edição de um ato administrativo vinculado, significa que ao particular titular do interesse jurídico em questão cabe

a) exigir da autoridade, judicialmente se for necessário, a edição do ato determinado, desde que tenha preenchido os requisitos legais para tanto.

b) a prerrogativa da autoexecutoriedade, na medida em que pode dispensar a edição concreta do ato, presumindo sua existência.

c) apenas aguardar a edição do ato, não podendo ingressar com nenhuma medida judicial para tanto, uma vez que o Poder Judiciário não pode suprir a vontade da Administração.

d) ajuizar ação judicial de perdas e danos, exclusivamente, uma vez que o Poder Judiciário não pode suprir a vontade da Administração.
e) requerer administrativamente a edição do ato, sob pena de ajuizamento de ação judicial para suprir o juízo de conveniência e oportunidade da Administração Pública.

23. (FCC/TJ-RJ/Comissário da Infância e da Juventude/2012) O ato discricionário
a) é aquele editado pela Administração Pública quando inexiste lei disciplinando a matéria.
b) pode ser praticado por qualquer autoridade da esfera da federação competente, quando não houver expressa restrição da legislação.
c) é aquele que apresenta todos os elementos e características previamente definidos na lei.
d) pode ser fiscalizado pelos administrados e pelo Judiciário, desde que autorizado pela lei que disciplinou sua edição.
e) é aquele que envolve a opção legítima feita pelo administrador, nos limites em que ela é assegurada pela lei.

24. (FGV/Sefaz-RJ/Auditor/2011) O chefe de determinado órgão público integrante da estrutura do Poder Executivo Federal, visando a conferir maior celeridade na tramitação de processos administrativos, decide delegar a competência para decidir recursos administrativos a seu chefe de gabinete. Considerando a situação hipotética acima narrada, é correto afirmar que tal conduta se revela juridicamente
a) incorreta, em decorrência da regra geral de indelegabilidade de competências administrativas.
b) incorreta, uma vez que é legalmente vedada a delegação da competência para decidir recursos administrativos.
c) correta, uma vez que o chefe do órgão público exerce a direção superior da Administração Pública Federal.
d) correta, desde que o ato de delegação seja publicado em meio oficial.
e) correta, desde que exista previsão legal e que o ato seja acompanhado de aceitação expressa do agente delegatário.

25. (Cespe/MP-PI/Analista Processual/2012) Um órgão administrativo e seu titular podem delegar parte de sua competência a outros órgãos ou titulares, desde que estes lhe sejam hierarquicamente subordinados.

26. **(Consulplan/TSE/Técnico Judiciário/Área Administrativa/2012)** Os atos administrativos possuem como atributos, exceto:
   a) Imperatividade.
   b) Coercibilidade.
   c) Atipicidade.
   d) Autoexecutoriedade.

27. **(Consulplan/TSE/Técnico Judiciário/Área Administrativa/2012)** No que tange à revogação e à anulação do ato administrativo, é correto afirmar que
   a) a revogação produz efeito retroativo e a anulação não.
   b) a revogação e a anulação podem ser realizadas pela Administração ou pelo Judiciário.
   c) na revogação, há análise do mérito do ato administrativo, já na anulação há juízo de legalidade.
   d) a revogação é ato vinculado, enquanto a anulação é discricionário.

28. **(FGV/Sefaz-RJ/Analista de Controle Interno/2011)** O desfazimento de atos administrativos pela própria Administração Pública por razões de conveniência e oportunidade denomina-se
   a) revogação.
   b) anulação.
   c) homologação.
   d) convalidação.
   e) cassação.

29. **(FCC/TRT 6ª Região/Analista Judiciário/Área Administrativa/2012)** No que diz respeito a convalidação dos atos administrativos, é correto afirmar que
   a) é sempre possível, por razões de interesse público, independentemente da natureza do vício.
   b) alcança atos que apresentem defeitos sanáveis, desde que não acarrete lesão ao interesse público nem prejuízo a terceiros.
   c) é obrigatório quando se trata de vício sanável, não podendo, contudo, retroagir seus efeitos à edição do ato convalidado.
   d) é facultativa nos casos de vício de forma e de finalidade, retroagindo seus efeitos à data do ato convalidado.
   e) somente é possível nas hipóteses de vícios de forma, retroagindo seus efeitos à data de edição do ato convalidado.

30. **(FCC/TJ-PE/Técnico Judiciário/Área Administrativa/2012)** No que diz respeito às espécies de atos administrativos, é correto afirmar que os atos negociais, embora unilaterais, encerram um conteúdo negocial, de interesse recíproco da Administração e do administrado, mas não adentram a esfera contratual.

RESPONSABILIDADE CIVIL DO ESTADO

31. **(Cespe/MP-PI/Analista Ministerial/Área Administrativa/2012)** A regra da responsabilidade civil objetiva do Estado se aplica tanto às entidades de direito privado que prestam serviço público como às entidades da Administração indireta que executem atividade econômica de natureza privada.

32. **(Cespe/PC-CE/Inspetor de Polícia/2012)** As empresas públicas e as sociedades de economia mista que exploram atividade econômica respondem pelos danos que seus agentes causarem a terceiros conforme as mesmas regras aplicadas às demais pessoas jurídicas de direito privado.

33. **(FGV/OAB/2010)** Um policial militar, de nome Norberto, no dia de folga, quando estava na frente da sua casa, de bermuda e sem camisa, discute com um transeunte e acaba desferindo tiros de uma arma antiga, que seu avô lhe dera. Com base no relatado acima, é correto afirmar que o Estado
   a) será responsabilizado, pois Norberto é agente público pertencente a seus quadros.
   b) será responsabilizado, com base na teoria do risco integral.
   c) somente será responsabilizado de forma subsidiária, ou seja, caso Norberto não tenha condições financeiras.
   d) não será responsabilizado, pois Norberto, apesar de ser agente público, não atuou nessa qualidade; sua conduta não pode, pois, ser imputada ao Ente Público.

34. **(Cespe/TC-DF/Analista de Controle Externo/2012)** A responsabilidade do Estado por danos causados por fenômenos da natureza é do tipo subjetiva.

35. **(FCC/TRE-PR/Analista Judiciário/Área Judicária/2012)** Durante uma perseguição a suspeitos, uma viatura policial estadual avançou o sinal vermelho e colidiu com outro veículo, particular, causando danos de grande monta e também lesões corporais nos integrantes do veículo. Nessa hipótese, com base na Constituição Federal e com as informações constantes deste preâmbulo, o Estado

a) responde apenas subjetivamente, desde que haja culpa do agente público, uma vez que este estava no regular desempenho de sua função.
b) responde subjetivamente pelos danos sofridos pelos particulares, desde que reste comprovada negligência do condutor da viatura.
c) responde objetivamente pelos danos sofridos pelos particulares, cabendo direito de regresso contra o condutor da viatura na hipótese de ser comprovada culpa ou dolo.
d) responde subjetivamente, caso seja demonstrado o nexo de causalidade, e o servidor responde objetivamente pelos danos causados.
e) e o servidor respondem objetivamente, uma vez que avançar sinal vermelho significa negligência de natureza gravíssima.

SERVIÇOS PÚBLICOS/CONCESSÕES E PERMISSÕES DE SERVIÇOS PÚBLICOS

36. (Cespe/PC-CE/Inspetor/2012) A titularidade dos serviços públicos é conferida expressamente ao Poder Público.

37. (Cespe/TJ-ES/Analista Judiciário/Área Judiciária/2011) Os serviços públicos devem ser prestados ao usuário com a observância do requisito da generalidade, o que significa dizer que, satisfeitas as condições para sua obtenção, eles devem ser oferecidos sem qualquer discriminação a quem os solicite.

38. (FCC/TJ-RJ/Analista Judiciário/Execução de Mandados/2012) O Poder Público contratou, na forma da lei, a prestação de serviços de transporte urbano à população. A empresa contratada providenciou todos os bens e materiais necessários à prestação do serviço, mas em determinado momento, interrompeu as atividades. O Poder Público assumiu a prestação do serviço, utilizando-se, na forma da lei, dos bens materiais de titularidade da empresa. A atuação do Poder Público consubstanciou-se em expressão do princípio da
a) continuidade do serviço público.
b) eficiência.
c) segurança jurídica.
d) boa-fé.
e) indisponibilidade do interesse público.

39. **(Cespe/Previc/Técnico Administrativo/2011)** Os serviços de iluminação pública podem ser classificados como serviços singulares ou *uti singuli*, já que os indivíduos possuem direito subjetivo próprio para sua obtenção.

40. **(Ceperj/Procon-RJ/Advogado/2012)** Nos termos da Constituição Federal, os serviços públicos podem ser prestados diretamente pelo Estado ou através do regime de concessão ou permissão. Nesse caso, deve o Estado:

a) escolher livremente o concessionário ou permissionário

b) indicar para a concessão ou permissão pessoa com qualificação técnica.

c) realizar sorteio entre os candidatos que se apresentarem

d) promover procedimento licitatório formal.

e) realizar audiências públicas para obtenção da melhor proposta.

41. **(FCC/TRT 6ª Região/Analista Judiciário/Área Judiciária/2012)** Empresa concessionária de transporte público urbano passou a prestar o serviço de forma deficiente, sem regularidade e descumprindo obrigações contratuais. Diante dessa situação, o poder concedente

a) poderá revogar a concessão, dada a sua natureza precária.

b) poderá encampar o serviço, com vistas a sua continuidade, sem necessidade de lei autorizativa.

c) deverá decretar a intervenção, mediante autorização legal prévia, com vistas a reestabelecer a regularidade dos serviços.

d) poderá declarar a caducidade da concessão ou aplicar as sanções previstas no contrato de concessão.

e) poderá decretar a caducidade, desde que comprove razões de interesse público determinantes para a retomada dos serviços.

42. **(FCC/TRT 6ª Região/Técnico Judiciário/Área Administrativa/2012)** A concessão de serviço público, disciplinada pela Lei Federal nº 8.987/1995, constitui

a) ato do Poder Público que transfere à pessoa jurídica distinta a titularidade de determinado serviço público, que passará a executá-lo em seu próprio nome.

b) contrato administrativo por meio do qual a Administração Pública, mantendo-se titular de determinado serviço público, delega ao concessionário a execução do mesmo, compreendendo a remuneração paga diretamente pelo usuário, por meio da cobrança de tarifa.

c) contrato administrativo do Poder Público que transfere a pessoa jurídica de direito público ou privado a titularidade de determinado serviço público, que passará a executá-lo em seu próprio nome.

d) ato administrativo de delegação de titularidade e execução de serviço público, compreendendo a remuneração paga diretamente pelo usuário, por meio da cobrança de tarifa.

e) contrato administrativo que transfere à pessoa jurídica de direito público distinta a titularidade de determinado serviço público, que passará a executá-lo remunerando-se diretamente da tarifa paga pelo usuário.

Comentários do Simulado

PRINCÍPIOS DA ADMINISTRAÇÃO PÚBLICA

1. Gabarito: **d**

A questão é resolvida observando-se o disposto no art. 37 da Constituição Federal, o qual prevê que os princípios nele inscritos aplicam-se tanto à Administração direta quanto à Administração indireta, de qualquer dos Poderes, dos entes federativos.

Assim, incorreta a letra **a** porque exclui as empresas públicas e as sociedades de economia mista que, como integrantes da Administração indireta, também sujeitam-se aos princípios. Na mesma linha, o princípio da eficiência é aplicável à Administração direta e às entidades da Administração indireta, mesmo que não atue em regime de competição, o que demonstra o erro da letra **b**.

Interessante é a discussão surgida nas alternativas **c** e **e**. Afinal, sabe-se que mesmo pessoas jurídicas de direito privado não integrantes da Administração podem submeter-se a determinados princípios do Direito Público quando recebam algum tipo de repasse de verba pública. Essa, no entanto, não é regra geral, ainda mais quando se considera o texto constitucional, ao qual se faz referência no comando da questão, que trata da aplicabilidade dos princípios à Administração Pública.

Correta, portanto, a alternativa **d** que faz boa descrição da previsão constitucional e, para fins de estudo, traz a interessante observação de que mesmo as pessoas de direito privado integrantes da Administração indireta sujeitam-se aos princípios da Administração Pública.

2. Gabarito: **d**

É o princípio da legalidade, previsto expressamente no *caput* do art. 37 da Constituição, que impõe ao administrador que tenha atuação em conformidade com os ditames da lei. O referido artigo veicula a chamada legalidade pública (também conhecida como restrita ou estrita), segundo a qual a Administração somente faz aquilo que a lei determina.

É também correto afirmar que tal princípio protege os indivíduos contra abusos e desvios. Celso Antônio Bandeira de Mello (2008, p. 100) destaca que o princípio da legalidade "contrapõe-se a tendências de exacerbação dos governantes e opõ-se contra todas as formas de poder autoritário". Ora, se é na lei que o administrador encontra a vontade da Administração, fica, em tese, mais difícil para que ele, abusando do poder que lhe é conferido, faça prevalecer a sua própria vontade.

3. Gabarito: **Certo**

Di Pietro (2010, p. 67) adverte que o princípio da impessoalidade tem dois aspectos. No primeiro deles, que responde à questão, o princípio está relacionado à finalidade pública, que deve nortear toda a atividade administrativa, de modo que a Administração não deve atuar de forma a beneficiar ou prejudicar pessoas determinadas. É o interesse público, não a vontade pessoal, que deve inspirar a vontade do administrador.

Avançando no tema, a impessoalidade também pode ser vista sob o prisma da própria Administração, no sentido de que os atos administrativos não são imputados ao funcionário que o pratica, mas à própria Administração, ao órgão, ou, mais precisamente, à pessoa jurídica a que se liga. Da mesma forma, as realizações governamentais não são do servidor, mas da entidade pública.

4. Gabarito: **b**

O princípio da impessoalidade impõe que não haja tratamentos discriminatórios, nem a concessão a privilégios ou tratamento diferenciado aos administrados.

Na situação narrada, há claro oferecimento de tratamento diferenciado a certo grupo de pessoas, em evidente ofensa ao princípio da impessoalidade.

5. Gabarito: **Errado**

Não há falar em interesse público não condizente com a lei. Na verdade, o interesse público é verificado na própria lei. Não existe interesse público presumido. Ele somente existe quando reconhecido pelas leis ou pelas Constituições.

Assim, o princípio não permite que seja considerado válido ato contrário à lei.

6. Gabarito: **Certo**

Trata-se da Súmula nº 473/STF, a qual consagra o princípio da autotutela ao dispor que

> A Administração pode anular seus próprios atos, quando eivados de vícios que os tornam ilegais, porque deles não se originam direitos; ou revogá-los, por motivo de conveniência ou oportunidade, respeitados os direitos adquiridos, e ressalvada, em todos os casos, a apreciação judicial.

Esse entendimento foi posteriormente reproduzido pela Lei nº 9.784/1999, em seu art. 53.

7. Gabarito: **c**

O princípio da proporcionalidade impõe a adequação entre os meios utilizados pela Administração e os fins que ela pretende alcançar na sua atuação. É, pois, este princípio que veda a imposição de restrições superiores àquelas que seriam necessárias para atender ao interesse público, que é sempre a sua finalidade.

8. Gabarito: **Errado**

Não há previsão expressa de tais princípios no texto constitucional. Doutrina e jurisprudência é que vêm construindo e enfatizando a sua relevância, com base no entendimento de que é possível depreendê-los, de que eles estariam implícitos no sistema constitucional.

9. Gabarito: **e**

A alternativa **a** está correta. De fato, o princípio da eficiência, que exige resultados positivos e satisfatório atendimento das necessidades dos administrados, impondo ao administrador que sua atuação seja realizada com perfeição, presteza e rendimento funcional, não autoriza que, em busca de tais objetivos, a conduta se divorcie das previsões legais.

Deve, pois, haver respeito também ao princípio da legalidade. A propósito, para a Administração Pública fala-se em legalidade pública (ou legalidade restrita), segundo a qual o administrador somente faz aquilo que a lei determina. Já na esfera privada, o princípio da legalidade realiza-se por meio da chamada autonomia privada, de modo que o particular pode fazer o que a lei não proíbe, já que – prevê o art. 5º, II, da CF "II – ninguém será obrigado a fazer ou deixar de fazer alguma coisa senão em virtude de lei". Daí porque correta a alternativa **b**.

Quanto à alternativa **c**, ela envolve a difícil tarefa de conceituar o que seria a moral administrativa. É interessante destacar o posicionamento do professor Lucas Rocha Furtado (2012, p. 89), para quem "este princípio talvez se enquadra como alguns fenômenos impossíveis de definição". Ele ressalta que, ao afirmar que a moralidade administrativa não se confunde com a moralidade comum, não se está a definir nem uma nem outra, apesar de a observação estar correta. De outra parte, embora também seja correto afirmar que ela se relaciona à observância de padrões éticos, isso não nos leva a uma definição, uma vez que tem-se a utilização de outro conceito abstrato.

Mesmo diante de tais observações, é possível afirmar que está correta a alternativa **e**. Isso porque o conceito exposto é aceito por boa parte da doutrina, baseada em autores franceses. Destacam-se as observações de Hely Lopes Meirelles (2010, p. 90) a respeito:

> Não se trata – diz Hariou, o sistematizador de tal conceito – da moral comum, mas de uma moral jurídica, entendida como "o conjunto de regras de conduta tiradas da disciplina interior da Administração.
>
> (...)
>
> Desenvolvendo o mesmo conceito, em estudo posterior, Welter insiste em que "a moralidade administrativa não se confunde com a moralidade comum; ela é composta por regras de boa administração, ou seja: pelo conjunto das regras finais e disciplinares suscitadas não só pela distinção entre o Bem e o Mal, mas também pela ideia geral de Administração e pela ideia de função administrativa. Tal conceito coincide com o de Lacharrière, segundo o qual a moral administrativa é o conjunto de regras que, para disciplinar o exercício da Administração, o superior hierárquico impõe aos seus subordinados.

Correta também a alternativa **d**. Como veremos mais adiante, no estudo sobre os atos administrativos, são cinco os elementos que o compõem: competência, finalidade, forma, motivo e objeto. Assim, de fato, a publicidade não é elemento formativo do ato. É antes, um requisito para que possa produzir efeitos – porquanto não seria apropriado que o ato já fosse eficaz antes que se desse a devida publicidade –, bem como referente à moralidade, no sentido de que, por meio da publicização do ato, é possível controlar a sua legitimidade, inclusive quando à moralidade.

Resta-nos, então, a alternativa **e**, que está incorreta porque a impessoalidade impõe – justamente ao contrário do que diz a assertiva – que o administrador aja sem concessão de privilégios injustificados. Na verdade, segundo entende Hely Lopes Meirelles (2010, p. 93), o princípio da impessoalidade "nada mais é do que o clássico princípio, o qual impõe ao administrador público que só pratique o ato para seu fim legal". Completamente errado, portanto, afirmar que tal princípio permite que se busquem objetivos sem finalidade pública.

ORGANIZAÇÃO DA ADMINISTRAÇÃO PÚBLICA

10. Gabarito: **a**

Já sabemos que difere a desconcentração da descentralização pelo fato de que esta resulta na atribuição de competências a outra pessoa jurídica, ao passo que aquela é mera distribuição e organização interna de competências entre diversos órgãos, que são despersonalizados.

Assim, estão incorretas as alternativas **b**, **c** e **d**, pois todas referem-se a atribuição de competências a pessoa jurídica diversa.

O gabarito é a alternativa **a**, que define corretamente a desconcentração. Sobre a necessidade de lei para a criação de órgãos administrativos, trata-se de lei cuja iniciativa é reservada ao chefe do Poder do Executivo, conforme prevê o art. 61, § 1º, II, *e*, da Constituição.

11. Gabarito: **c**

Como sabemos, as empresas públicas podem adotar qualquer das formas societárias admitidas em Direito, razão pela qual está correto o item I; errado o item III, uma vez que também a sociedade unipessoal fica autorizada por essa permissão de utilização de qualquer forma.

Quanto ao item II, a previsão do art. 5º do Decreto-Lei nº 900/1969 demonstra o erro da questão. De fato, empresas públicas têm capital inteiramente público, mas isso não significa que pessoas de direito privado não poderão participar dele. É possível que pessoas jurídicas de direito privado integrantes da Administração indireta federal tenham parte. A respeito, a lição de Di Pietro (2010, p. 453):

> A empresa pública tem o capital inteiramente público, o que faria supor que dele podem participar as pessoas de direito público interno. Mas o art. 5º do Decreto-Lei nº 900/1969 veio permitir que, desde que a maioria do capital votante permaneça de propriedade da União, seja admitida, no capital da empresa pública a participação de outras pessoas de direito público interno, bem como de entidades da *Administração indireta* da União, dos Estados, Distrito Federal e Municípios. Com isso, admite-se a participação de pessoas jurídicas de direito privado que integrem a Administração indireta, inclusive de sociedades de economia mista, em que o capital é parcialmente privado.

Por fim, segundo o gabarito divulgado pela banca examinadora, correto também o item IV. Umas das prerrogativas que detêm as empresas públicas federais, apesar de serem pessoas jurídicas de direito privado, é o foro perante a Justiça Federal. Há previsão constitucional expressa da competência da Justiça Federal para o julgamento das causas envolvendo as empresas públicas:

> Art. 109. Aos juízes federais compete processar e julgar:
> I – as causas em que a União, entidade autárquica ou empresa pública federal forem interessadas na condição de autoras, rés, assistentes ou oponentes, exceto as de falência, as de acidentes de trabalho e as sujeitas à Justiça Eleitoral e à Justiça do Trabalho;

Na verdade, a banca não foi muito feliz ao utilizar a expressão *obrigatoriamente*, já que o próprio dispositivo transcrito já apresenta exceções. De qualquer forma, foi este o gabarito oficial.[35]

Com essa ressalva, o gabarito é a alternativa **c**.

[35] O candidato não se deve assustar com essas imprecisões, que, a propósito, são corriqueiras em provas de concurso. Para aquele que está se preparando para enfrentar provas de concurso público, mais importante do que uma resposta absoluta é a discussão e a fixação do conhecimento. A experiência na resolução de provas acaba por dar ao candidato o que se convencionou chamar de *feeling* quanto a saber qual o conhecimento que o examinador espera cobrar em determinada assertiva, apesar desses inevitáveis deslizes.

12. Gabarito: **d**

Conforme o art. 51 da Lei nº 9.649/1998, podem ser qualificadas como agências executivas, autarquias ou fundações que tenham um plano estratégico de reestruturação e que celebrem contrato de gestão com o respectivo ministério competente para a sua supervisão.

Não há, pois, qualquer previsão de prazo, bem como não há falar em contrato de concessão. Daí porque o gabarito é a alternativa **d**.

13. Gabarito: **b**

Quanto à alternativa **a**, é verdade que os consórcios públicos podem adquirir personalidade jurídica, conforme prevê o art. 6º da Lei nº 11.107/2005. Contudo, o mesmo artigo prevê que essa personalidade pode ser de direito público ou de direito privado, mas somente no primeiro caso ele integrará a Administração indireta dos entes consorciados.

A alternativa **b** está correta. É a própria Lei das Parcerias Público-Privadas – Lei nº 11.079/2004 – que prevê as duas modalidades possíveis de PPP. Vejamos:

> Art. 2º Parceria público-privada é o contrato administrativo de concessão, na modalidade patrocinada ou administrativa.
>
> § 1º Concessão patrocinada é a concessão de serviços públicos ou de obras públicas de que trata a Lei nº 8.987, de 13 de fevereiro de 1995, quando envolver, adicionalmente à tarifa cobrada dos usuários contraprestação pecuniária do parceiro público ao parceiro privado.
>
> § 2º Concessão administrativa é o contrato de prestação de serviços de que a Administração Pública seja a usuária direta ou indireta, ainda que envolva execução de obra ou fornecimento e instalação de bens.

As sociedades de economia mista, por expressa disposição legal, somente podem constituir-se sob a forma de sociedades anônimas. Inclusive, a lei que regula as sociedades anônimas (Lei nº 6.404/1976) apresenta capítulo próprio sobre esses entes da Administração indireta. Inicialmente, a referida lei define que as companhias podem ser abertas ou fechadas, "conforme os valores mobiliários de sua emissão estejam ou não admitidos à negociação no mercado de valores mobiliários" (art. 4º). E, a respeito das sociedades de economia dispõe, no que interessa à solução da assertiva, o seguinte:

> Art. 235. As sociedades anônimas de economia mista estão sujeitas a esta Lei, sem prejuízo das disposições especiais de lei federal.
> § 1º As companhias abertas de economia mista estão também sujeitas às normas expedidas pela Comissão de Valores Mobiliários.

Vê-se, então que é possível que as sociedades de economia mista negociem suas ações em bolsas de valores.

Por fim, no que tange à alternativa **e**, as empresas públicas não são criadas diretamente pela lei. Ao contrário, justamente em razão de sua natureza de pessoa jurídica de direito privado, a lei apenas autoriza a sua criação, que somente se efetiva com o posterior registro em cartório privado ou junta comercial.

14. Gabarito: **d**

Não há maiores complexidades a serem discutidas no item I, que está correto. De fato, as empresas públicas integram a Administração indireta do ente respectivo e sua personalidade de direito privado, conforme já expusemos no presente capítulo.

A incorreção do item II consiste em que os consórcios públicos tanto podem assumir personalidade jurídica de direito público, como de direito privado (art. 6º da Lei nº 11.107/2005). Contudo, eles somente integrarão a Administração dos entes consorciados caso venham a constituir-se em associações públicas, com personalidade jurídica de direito público.

As sociedades de economia mista submetem-se ao chamado teto remuneratório constitucional. A propósito, já vale a dica de que as disposições inscritas no art. 37 valem para toda a Administração – direta e indireta, de qualquer dos Poderes, de qualquer das esferas federativas. É o que impõe o referido artigo, no *caput*.

Particularmente em relação ao teto, a CF tem previsão específica, que foi reproduzida na assertiva. O § 9º do art. 37 estatui que a obrigatoriedade de obediência ao limite remuneratório

> aplica-se às empresas públicas e às sociedades de economia mista, e suas subsidiárias, que receberem recursos da União, dos Estados, do Distrito Federal ou dos Municípios para pagamento de despesas de pessoal ou de custeio em geral.

Correto concluir, portanto, que, caso não haja esse repasse de verbas públicas para custeio em geral ou pagamento de pessoal, a empresa estatal (sociedade de economia mista ou empresa pública) poderá remunerar seus empregados com valores superiores ao teto. Não por outra razão, há exemplos de diretores de grandes estatais que recebem salários em muito superiores ao subsídio dos ministros do Supremo Tribunal Federal. De qualquer forma, a assertiva está correta.

Assim, o gabarito é a alternativa **d**.

15. Gabarito: **b**

A alternativa **a** está incorreta. O processo especial de execução previsto no art. 100 da Constituição consiste no regime de precatório. Eis a redação do *caput* referido artigo, com destaque também para o § 5º:

> Art. 100. Os pagamentos devidos pelas Fazendas Públicas Federal, Estaduais, Distrital e Municipais, em virtude de sentença judiciária, far-se-ão exclusivamente na ordem cronológica de apresentação dos precatórios e à conta dos créditos respectivos, proibida a designação de casos ou de pessoas nas dotações orçamentárias e nos créditos adicionais abertos para este fim.
>
> (...)
>
> § 5º É obrigatória a inclusão, *no orçamento das entidades de direito público*, de verba necessária ao pagamento de seus débitos, oriundos de sentenças transitadas em julgado, constantes de precatórios judiciários apresentados até 1º de julho, fazendo-se o pagamento até o final do exercício seguinte, quando terão seus valores atualizados monetariamente.

Vê-se, então, que o regime de execução por meio de precatórios, como regra geral, não é aplicável às empresas estatais, que não consideradas Fazenda Pública, tampouco têm personalidade jurídica de direito público. Nessa mesma linha, também incorreta a alternativa **c**, já que o regime especial de execução não é assegurado às empresas públicas.

Todavia, há que se destacar as hipóteses excepcionais em que é possível a empresas estatais a submissão a esse regime. Ocorre que o fundamento desse tipo especial de execução é o princípio da continuidade dos serviços públicos. Justamente porque presta serviços públicos, o Estado não pode ter seus bens penhorados, nem ser obrigado a utilizar verbas, que são previstas em lei orçamentária, destinadas a esses serviços para o pagamento de suas execuções. Daí a imposição constitucional de que os pagamentos serão feitos por meio da inclusão em orçamento.[36]

Foi justamente com base nessa compreensão que o STF excepcionou a possibilidade de que empresas estatais, quando prestadoras de serviços públicos, possam gozar da prerrogativa pública de impenhorabilidade de seus bens. Um caso clássico foi o reconhecimento dessa possibilidade à Empresa Brasileira de Correios e Telégrafos.

Veja-se a elucidativa ementa do julgado:

> EMENTA: RECURSO EXTRAORDINÁRIO. CONSTITUCIONAL. EMPRESA BRASILEIRA DE CORREIOS E TELÉGRAFOS. IMPENHORABILIDADE DE SEUS BENS, RENDAS E SERVIÇOS. RECEPÇÃO DO ART. 12 DO DECRETO-LEI Nº 509/1969. EXECUÇÃO. OBSERVÂNCIA DO REGIME DE PRECATÓRIO. APLICAÇÃO DO ART. 100 DA CONSTITUIÇÃO FEDERAL.
>
> 1. À Empresa Brasileira de Correios e Telégrafos, pessoa jurídica equiparada à Fazenda Pública, é aplicável o privilégio da impenhorabilidade de seus bens, rendas e serviços. Recepção do art. 12 do Decreto-Lei nº 509/1969 e não incidência da restrição contida no art. 173, § 1º, da Constituição Federal, que submete a empresa pública, a sociedade de economia mista e outras entidades que explorem atividade econômica ao regime próprio das empresas privadas, inclusive quanto às obrigações trabalhistas e tributárias.
>
> 2. Empresa pública que não exerce atividade econômica e presta serviço público da competência da União Federal e por ela mantido. Execução. Observância ao regime de precatório, sob pena de vulneração do disposto no art. 100 da Constituição Federal. Recurso extraordinário conhecido e provido.
>
> (RE nº 220.906, Relator Min. Maurício Corrêa, Tribunal Pleno, julgado em 16/11/2000, DJ 14/11/2002, p. 15, Ement. Vol-2.091-03, p. 430)

Quanto à alternativa **d**, está errada porque as autarquias são pessoas jurídicas de direito público. Assim, definida a sua natureza, o seu regime também será de direito público. Lucas Furtado (2012, p. 149) explica:

[36] É interessante destacar aqui a observação de Lucas Rocha Furtado (2012, p. 168) no sentido de ser curioso observar que, apesar de a Constituição prever a obrigatoriedade de inclusão dos precatórios no orçamento, eles não serão pagos caso não haja disponibilidade financeira e não há consequências para o ente político.

> A rigor, um aspecto ao outro. Quando se afirma que determinada pessoa jurídica é de direito público ou de direito privado, a consequência necessária será a definição da natureza das normas a serem observadas por essa pessoa tanto em relação a suas questões internas quanto em relação a aspectos externos"
>
> (...)
>
> A sujeição das autarquias ao mesmo regime jurídico das entidades da Administração Pública direta importa em que as prerrogativas conferidas pelo ordenamento jurídico a estas últimas também alcançam e beneficiam as autarquias.
>
> Podem ser apresentadas como prerrogativas aplicáveis às autarquias:
>
> - Prazos processuais especiais (para recorrer e contestar);
>
> - Pagamento de dívidas decorrentes de condenações judiciais, efetuado por meio de precatórios (CF, art. 100);
>
> - Possibilidade de inscrição de seus créditos em dívida ativa e a sua respectiva cobrança por meio de execução fiscal (Lei nº 6.830/1980);
>
> - Impenhorabilidade, inalienabilidade e imprescritibilidade de seus bens;
>
> - Vedação à União, Estados, Municípios e Distrito Federal de instituir impostos sobre o patrimônio, renda ou serviços vinculados a finalidades essenciais das autarquias ou dela decorrentes (CF, art. 50, § 2º).

Vê-se, então, que as autarquias são consideradas como Fazenda Pública, de modo que não se submetem ao regime geral de execução. Elas têm a prerrogativa de serem executadas conforme o regime de precatórios previsto no art. 100 da CF e gozam de imunidade tributária relativa a impostos sobre o patrimônio (desde que o patrimônio esteja associado às atividades-fim).

Nessa linha, é correta a alternativa **b**, valendo destacar que a tutela de o ente instituir está presente em relação a todas as entidades da Administração indireta.

Alguma perplexidade pode surgir em relação às funções públicas, já que o Decreto-Lei nº 200/1967 definiu-a – impropriamente, segundo Celso Antônio Bandeira de Mello (2008, p. 183-186) – como entidade dotada de personalidade jurídica de direito privado – mas a Constituição atual, em diversos pontos, trata-a como pessoa jurídica de direito público (ressalvada a disposição do art. 37, XIX, que foi alterado pela Emenda Constitucional nº 19/1998 e prevê sua criação ser *autorizada* por lei), tal como seria o mais apropriado. Para o referido autor, elas são pessoas jurídicas de direito público e, somente no Brasil, houve contenda a respeito dessa natureza.

Contudo, por razões cuja discussão foge ao escopo dessa obra, várias fundações públicas foram criadas com personalidade jurídica de direito privado. Assim, há, hoje, no Brasil, fundações de ambas as naturezas. O que se deve ter em mente é que fundações públicas de direito privado submeter-se-ão a regime jurídico compatível, ou seja, de direito privado. Já as fundações de direito público sujeitar-se-ão a regime público e serão em tudo comparáveis às autarquias, tanto que boa parte da doutrina as denomina fundações autárquicas ou autarquias fundacionais. Incorreta, portanto, a alternativa **e**, já que, quando de direito público, as fundações terão o mesmo regime e prerrogativas das autarquias, inclusive a imunidade tributária. A tutela do ente instituidor, como já vimos, é característica da Administração indireta, que se faz presente mesmo em relação às pessoas jurídicas de direito privado.

PODERES ADMINISTRATIVOS

16. Gabarito: **d**

A alternativa **e** está incorreta. Justamente ao contrário do que dispõe a assertiva, os poderes administrativos não são renunciáveis. Eles constituem poderes-deveres, no sentido de que o seu exercício pelo administrador não constitui mera faculdade, mas um dever, uma obrigação. Os poderes administrativos são irrenunciáveis.

Quanto à alternativa **b**, o regulamento autônomo (ou decreto autônomo) não tem a finalidade de complementar a lei ou permitir sua fiel execução. Esse papel é conferido ao chamado decreto regulamentar (CF, art. 84, IV). O decreto autônomo é aquele que, nos termos do art. 84, VI, da Constituição, permite ao presidente dispor – independente da existência prévia de lei a ser regulamentada, buscando fundamento diretamente na Constituição – sobre a organização e o funcionamento da Administração Federal, quando não implicar aumento de despesa nem criação ou extinção de órgãos públicos e sobre a extinção de funções ou cargos públicos, quando vagos.

A hierarquia, pela própria natureza, enseja o escalonamento vertical dos órgãos da Administração, não criando relações apenas de subordinação, mas, também, de subordinação, como é próprio da Administração Pública que haja ordenada distribuição das atribuições a serem exercidas pelos agentes públicos. Incorreta, pois, a alternativa **c**.

O gabarito da questão é, portanto, a alternativa **d**, valendo lembrar que não somente servidores públicos sujeitam-se ao poder disciplinar, mas também outras pessoas que de alguma forma são submetidas à disciplina da Administração.

17. Gabarito: **d**

O poder regulamentar, que encontra fundamento no art. 84, VI, da Constituição, é privativo dos Chefes do Poder Executivo (Prefeitos, Governadores e Presidente da República) e, como prevê o referido dispositivo, consiste na expedição de regulamentos para a fiel execução da lei. Portanto, a alternativa **d** está correta.

Embora seja mais preciso afirmar que o chamado decreto autônomo, previsto no inciso VI do mesmo artigo decorre de poder normativo, é comum encontrar questões de concurso em que tanto esse como o decreto regulamentar decorrem do poder normativo, até porque muitas bancas examinadores tomam os poderes regulamentar e normativo como sinônimos.

18. Gabarito: **a**

Embora seja um poder exercido em âmbito interno, não é correta a afirmação de que recaia esse poder somente sobre servidores ou empregados públicos. Também se submetem ao poder disciplinar outras pessoas que colaboram com a Administração – de que seriam exemplo os contratados – ou se submetem à disciplina administrativa, tais como alunos de escolas públicas. Como ensina Meirelles (2010, p. 127), o poder disciplinar

> é uma supremacia especial que o Estado exerce sobre todos aqueles que se vinculam à Administração por relações de qualquer natureza, subordinando-se às normas de funcionamento do serviço ou do estabelecimento que passam a integrar definitiva ou transitoriamente.

Dai porque tais alunos, quando venham a cometer infração no âmbito de sua sujeição à Administração Pública estarão sujeitos ao poder disciplinar, tanto para apuração das infrações quanto para a aplicação da devida punição.

O gabarito é a alternativa **a**.

19. Gabarito: **c**

Apesar de haver divergência doutrinária a respeito até mesmo da existência de atributos específicos do poder de polícia, a maioria da doutrina segue os passos de Hely Lopes Meirelles (2010) no sentido de que a discricionariedade, a coercibilidade e a autoexecutoriedade seriam atributos especiais desse poder.

É certo que o poder de polícia deve ser exercido de modo proporcional e que a Administração tem a possibilidade de controlar sua própria atuação. Isso não significa, contudo, que o princípio da autotutela seja um dos atributos do referido poder, revelando a incorreção da alternativa **a**.

Quanto à alternativa **b**, a autoexecutoriedade consiste em que os atos de polícia podem ser postos em prática pela Administração sem necessidade de ordem judicial. Possibilidade de decidir sobre quais campos atuar seria algo que mais se aproxima da discricionariedade. De qualquer forma, seria absurdo falar em atuação administrativa sem limitações de legitimidade, já que toda atividade da Administração para ser legítima deve ser conforme a lei. Especificamente quanto ao poder de polícia, é comum a doutrina falar também na necessidade de respeito ao princípio da proporcionalidade para que seja legítima a sua utilização.

A discricionariedade, por outro lado, realmente se aproxima da liberdade de escolher objetos de decisão, como previsto na alternativa **d**. Todavia, não se pode afirmar que ela seja independente de competência específica. O exercício do poder de polícia se dá por meio de atos administrativos, de modo que o agente que se vale de tal poder deve ter competência para tanto.

Correta, portanto, a alternativa **d**, que expõe com acerto o significado da coercibilidade.

20. Gabarito: **Certo**

O atributo da exigibilidade, que, para alguns autores, é desdobramento da autoexecutoriedade, consiste precisamente na utilização de meios indiretos para compelir o particular a realizar a atividade pretendida pela Administração. Não conceder licenciamento de veículo na pendência de multas é precisamente um exemplo disso.

21. Gabarito: **a**

Veja-se que no exemplo do comando da questão, a Administração restringe o direito de um particular (comercialização de produtos) em prol do interesse da coletividade (impedir que alimentos impróprios sejam consumidos e afetem a integridade física das pessoas). Trata-se, portanto, de exercício do poder de polícia (não de poder normativo ou regulador). A propósito, a apreensão – sem necessidade de ordem judicial – de alimentos impróprios para o consumo é um dos exemplos comuns de ser encontrado na doutrina a respeito da autoexecutoriedade, que é um dos atributos do poder de polícia:

> As medidas de polícia frequentemente são autoexecutórias: isto é, pode a Administração Pública promover, por si mesma, independentemente de remeter-se ao Poder Judiciário, a conformação do comportamento do particular às injunções dela emanadas, sem necessidade de um prévio juízo de cognição e ulterior juízo de execução processando perante as autoridades judiciárias.
>
> (...)
>
> A interrupção de um espetáculo teatral, por obsceno, será procedida, do mesmo modo, pela Administração Pública, sem que esta obtenha prévia declaração judicial reconhecendo e autorizando a paralisação da exibição. A apreensão de gêneros alimentícios impróprios para o consumo, por deteriorados ou insalubres, também é medida coativa passível de ser posta em prática pelo Executivo, sem recurso às vias judiciárias, tão logo constate a irregularidade. (MELLO, 2008, p. 317).

Não há falar em poder hierárquico entre a Administração e os particulares. A hierarquia é característica interna da Administração. O poder de polícia, este sim, é baseado na supremacia do interesse público, o qual permite que a Administração se coloque em posição de superioridade frente ao particular.

Por fim, quanto à alternativa **d**, é até acertado afirmar que há proximidade lógica entre o exemplo da questão e uma situação de intervenção do estado na propriedade, já que ambos têm fundamento na supremacia do interesse pode haver supressão ou limitação da propriedade.

No entanto, a doutrina fala em modalidades específicas de intervenção do Estado na propriedade.

> São modalidades de intervenção restritiva: a servidão administrativa, a requisição, a ocupação temporária, as limitações administrativas, o tombamento (...). A modalidade de intervenção supressiva é a desapropriação (CARVALHO FILHO, 2012, p. 774).

No caso, como há supressão da propriedade, a modalidade que mais se aproximaria seria desapropriação, que tem procedimentos específicos não mencionados na questão. Daí porque a alternativa apontada como gabarito é mais adequada que esta.

ATOS ADMINISTRATIVOS

22. Gabarito: **a**

No ato vinculado, a ocorrência do motivo leva necessariamente à ocorrência do objeto. Daí porque, caso a Administração não pratique o ato a cuja prática estava vinculada, o interessado tem direito subjetivo de exigir – inclusive pela via judicial, se necessário – que seja praticado o ato. A concessão de licença para conduzir automóveis (Carteira Nacional de Habilitação) é exemplo de ato vinculado. Uma vez que o indivíduo demonstra reunir os requisitos (aprovação nos testes impostos pela própria Administração), o Estado fica obrigado a praticar o ato e conceder a licença ao particular. Correta, portanto, a alternativa **a**, e incorretas as alternativas **c** e **d**.

Quanto à alternativa **b**, embora o particular tenha direito subjetivo a ver praticado o ato, não pode ele presumir que o ato existe validamente, mesmo sem que a Administração o tenha praticado, e valer-se de uma suposta autoexecutoriedade. Trata-se esta de prerrogativa que a Administração detém para executar seus atos independentemente de ordem judicial. Ao particular cabe, em tais hipóteses, recorrer ao Judiciário para obrigar a Administração a praticar o ato, jamais presumir a sua existência.

Por fim, o erro da alternativa **e** consiste em que não há qualquer juízo de conveniência e oportunidade a ser realizado em ato vinculado. É precisamente por isso que o Poder Judiciário pode determinar a prática do ato. Caso se estivesse diante de análise meritória referente a conveniência ou oportunidade, tal juízo não poderia ser realizado pelo magistrado em substituição à Administração.

23. Gabarito: **e**

Já sabemos que a discricionariedade é autorizada, ainda que implicitamente, pela própria lei. Não é a ausência que faz nascer a discricionariedade; ao contrário, existe margem de liberdade na atuação administrativa justamente quando (e se) a lei prevê.

Incorretas, portanto, as alternativas **a** e **b**.

A alternativa **c**, contrariando o comando da questão, apresenta um conceito possível para o ato vinculado.

Quanto à alternativa **d**, o controle dos atos administrativos e sua fiscalização pelos administrados não dependem de autorização da lei que disciplina a edição de ato administrativo. Ao contrário, a possibilidade de controle (em relação a aspectos de legalidade) se presume, podendo ocorrer independentemente de autorização legal.

Resta-nos a alternativa **e**, que é o gabarito da questão. A discricionariedade é liberdade conferida pela própria lei e a opção feita pelo administrador somente será legítima quando se circunscreve aos limites impostos pela lei.

24. Gabarito: **b**

Conforme dispõe o art. 13 da Lei nº 9.784/1999, é vedada a delegação (i) da edição de atos de caráter normativo, (ii) da decisão de recursos administrativos e (iii) de matérias de competência exclusiva do órgão ou autoridade. Vê-se que a delegação da situação narrada recai numa das hipóteses de proibição, razão pela qual a delegação é vedada.

Correta a alternativa **b.**

A alternativa **a** está incorreta porque não existe uma regra geral de indelegabilidade de competências administrativas. Ao contrário, nos termos do art. 12 da referida lei, a regra geral é a delegabilidade, ficando proibida a delegação apenas nos casos em que houver vedação legal.

25. Gabarito: **Errado**

A assertiva contraria o disposto no art. 12 da Lei nº 9.784/1999, o qual dispõe que

> um órgão administrativo e seu titular poderão, se não houver impedimento legal, delegar parte da sua competência a outros órgãos ou titulares, *ainda que estes não lhe sejam hierarquicamente subordinados*, quando for conveniente, em razão de circunstâncias de índole técnica, social, econômica, jurídica ou territorial.

Vê-se, então, que é possível ocorrer delegação mesmo para órgãos que não sejam hierarquicamente subordinados.

26. Gabarito: **c**

Conjugando o entendimento dos doutrinadores do Direito Administrativo mais citados em provas de concurso público, pode-se falar em seis atributos do ato administrativo: presunção de legitimidade, presunção de veracidade (como um desdobramento do anterior), autoexecutoriedade, exigibilidade, imperatividade e tipicidade.

Vê-se, então, que não existe o atributo da *atipicidade*.

Daí porque o gabarito é a alternativa **c**.

27. Gabarito: **c**

Para solucionar a questão, vale conferir novamente o quadro comparativo entre revogação e anulação.

	Revogação	**Anulação**
Quem pode fazer?	Somente a Administração.	A própria Administração que editou o ato e o Poder Judiciário, se provocado.
Quais são os motivos?	Razões de conveniência e oportunidade; verificação do mérito administrativo.	Razões de ilegalidade. Verificação de que um ou mais requisitos do ato estão em desconformidade com a lei.
Efeitos:	Proativos ou *ex nunc*.	Retroativos ou *ex nunc*.
Natureza:	Ato *discricionário*: a revogação se dá por motivos de conveniência e oportunidade.	Ato *vinculado*: verificada a ilegalidade, a Administração *deve* anular o ato.

A anulação é que produz efeitos retroativos, ao contrário do que dispõe a alternativa **a**. Quanto à alternativa **b**, o Poder Judiciário não pode (no exercício da função jurisdicional) revogar atos administrativos.

A alternativa **c** faz a correta correlação entre os fundamentos da revogação e da anulação.

Por fim, a alternativa **d** inverte a natureza dos institutos. A revogação é um ato discricionário. Se ela ocorre por motivos de conveniência e oportunidade, significa que há margem de liberdade para o administrador escolher se a revogação, em cada caso, é ou não adequada. Já quanto à anulação, uma vez constatada a existência de vícios no ato, não há margem de liberdade para o administrador; ele *deve* anular o ato (salvo as hipóteses de convalidação, nas quais o administrador poderá, ou mesmo deverá, superar o vício).

28. Gabarito: **a**

Quando a Administração desfaz, extingue um ato por razões de conveniência e oportunidade, está-se diante da revogação e, como já demonstrado, nas questões, a anulação pode ser feita também pela própria Administração, mas em razão de vícios de legalidade.

A homologação é um ato administrativo por meio da qual a Administração atesta a validade de determinado procedimento ou ato praticado anterior. É, por exemplo, o último ato de um concurso público. Nele, a Administração afirma que todo o processo correu em conformidade com a lei, de modo que pode ter início a nomeação dos aprovados e começa a contar o prazo de vigência do certame.

A convalidação é o ato por meio do qual, com vistas à realização do princípio da segurança jurídica, a Administração supera vícios sanáveis de determinado ato para que ele possa continuar a produzir seus regulares efeitos, evitando a frustração de expectativas legítimas.

Por fim, embora revogação e anulação sejam as formas de extinção de atos administrativos mais cobrados em concursos públicos, existem outras. A cassação é um exemplo. Ela ocorre quando o destinatário deixa de cumprir requisitos que se apresentam como condições para o exercício dos direitos decorrentes do ato. Inicialmente, o ato era válido, mas a ausência de alguma condição para aproveitar os direitos dele decorrentes impõe que o ato seja extinto.

Alexandre Mazza (2011, p. 224) dá o exemplo da cassação de licença para dirigir cassada porque o condutor ficou cego.

29. Gabarito: **b**

A convalidação, nos termos do art. 55 da Lei nº 9.784/1999, somente é possível nos casos de vícios sanáveis, podendo-se considerar como sanáveis apenas vícios que recaiam sobre a competência ou sobre a forma. E ela tem efeitos retroativos, já que a sua finalidade é a de preservar os efeitos decorrentes do ato convalidado, a convalidação implica superar, desde o início, os vícios existentes. Daí porque incorretas as alternativas **a**, **c**, **d** e **e**.

A alternativa **b**, por outro lado, encontra plena conformidade com as disposições da Lei nº 9.784/1999, bem como com a doutrina majoritária sobre o tema.

30. Gabarito: **Certo**

A assertiva está conforme a exposição de Hely Lopes Meirelles (2010, p. 189) sobre o tema, no sentido de que, embora a vontade manifestada pela Administração nos atos negociais, encontre um interesse recíproco do administrado, tais atos não configuram contratos, nem perdem o caráter unilateral.

No mesmo sentido, leciona Di Pietro (2010, p. 221):

> É importante realçar o fato de que não se confundem atos negocias com negócios jurídicos.
>
> (...)
>
> Os atos administrativos unilaterais não podem ser considerados negócios jurídicos, porque a Administração não tem liberdade para estabelecer, por sua vontade própria, os efeitos jurídicos, que são aqueles fixados na lei.

A questão está correta.

RESPONSABILIDADE CIVIL DO ESTADO

31. Gabarito: **Errado**

A assertiva contraria a previsão do art. 37, § 6º, da Constituição, segundo o qual somente as pessoas jurídicas de direito público ou de direito privado *prestadoras de serviços públicos* submetem-se a sistema objetivo de responsabilização. Pessoas de direito privado da Administração indireta que exerçam atividade econômica submeter-se-ão a responsabilização subjetiva, tal como os particulares em geral.

32. Gabarito: **Certo**

Conforme explicado no comentário anterior, as pessoas jurídicas de direito privado que explorem atividade econômica não se submetem à responsabilização objetiva. Sabe-se que sociedades de economia mista e empresas públicas são pessoas jurídicas de direito privado. Caso explorem atividade econômica, restará a elas a aplicabilidade das regras de Direito Privado.

33. Gabarito: **d**

Como vimos, a responsabilidade do Estado surge quando seus agentes atuam nessa condição ou em razão das suas funções. O exemplo hipotético da questão é profícuo em demonstrar que o causador do dano estava totalmente despido da condição de agente público quando praticou o dano, destacando que o policial estava de folga, não usava farda e não utilizou arma pertencente à corporação. Inevitável a conclusão de que o Estado não pode ser responsabilizado, já que o indivíduo, embora pertencente aos quadros estatais, não agiu na condição de agente público.

34. Gabarito: **Certo**

Quando se trata de dano decorrente de fenômeno da natureza, significa que o dano não decorreu diretamente da ação de um agente público, mas pela omissão estatal na adoção de providências para evitar que o dano ocorresse. Assim, será necessário verificar, em cada caso, se o Estado tinha o dever de agir, de modo que a culpa é elemento inafastável. Portanto, a responsabilidade será subjetiva.

35. Gabarito: **c**

A alternativa **c** é a única que se coaduna com as disposições do art. 37, § 6º, da Constituição. De fato, quando agentes públicos, nessa condição, causam dano a particulares, o Estado responde objetivamente por esses danos, e, conforme autoriza a parte final do mencionado dispositivo, promove ação regressiva contra seus agentes em caso de haver, na conduta destes, dolo ou culpa. Assim, já que depende da demonstração de dolo ou culpa, a responsabilização dos agentes perante a pessoa jurídica, na ação regressiva, é subjetiva.

SERVIÇOS PÚBLICOS/CONCESSÕES E PERMISSÕES DE SERVIÇOS PÚBLICOS

36. Gabarito: **Certo**

O art. 175 da Constituição confere expressamente a titularidade dos serviços públicos ao Poder Público. O referido artigo dispõe que "incumbe ao Poder Público, na forma da lei, diretamente ou sob regime de concessão ou permissão, sempre através de licitação, a prestação de serviços públicos".

37. Gabarito: **Certo**

Trata-se da aplicação dos princípios da universalidade (ou generalidade) e da igualdade. Vale ressaltar que a questão emprega a expressão *discriminação* em acepção pejorativa, excludente das chamadas discriminações legítimas, as quais são autorizadas.

38. Gabarito: **a**

É o princípio da continuidade que garante ao poder concedente prerrogativas especiais, tais como o uso compulsório de recursos humanos e materiais da empresa concessionária e da encampação – definida pela lei como "a retomada do serviço pelo poder concedente durante o prazo da concessão, por motivo de interesse público, mediante lei autorizativa específica e após prévio pagamento da indenização, na forma do artigo anterior" – que reflete a situação narrada na questão.

39. Gabarito: **Errado**

Definem-se os serviços públicos singulares ou coletivos pela possibilidade de indicação dos destinatários do serviço. Iluminação pública é o exemplo clássico de serviço coletivo (ou *uti universi*), já que não é possível determinar quem serão os beneficiários pela prestação do serviço, posto à disposição de pessoas indeterminadas. Ainda, para Meirelles (2010, p. 354), os serviços públicos *uti universi*, tal como o de iluminação pública, não se erigem em direito subjetivo de qualquer administrado à sua obtenção para seu domicílio ou seu bairro.

40. Gabarito: **d**

Trata-se aqui da simples previsão do art. 175 da Constituição Federal, segundo o qual incumbe ao Poder Público, na forma da lei, diretamente ou sob regime de concessão ou permissão, *sempre através de licitação,* a prestação de serviços públicos.

Correta a alternativa **d**, já que a licitação é o instrumento por meio do qual se realizam concessões e permissões de serviços públicos.

41. Gabarito: **d**

Nos termos do art. 38 da Lei nº 8.987/1995, a inexecução total ou parcial do contrato acarretará, a critério do poder concedente, a declaração de caducidade da concessão ou a aplicação das sanções contratuais. Correta, portanto, a alternativa **d**, além de demonstrada a erronia da alternativa **e**. É a encampação que enseja a retomada dos serviços.

Quanto à alternativa **a**, a concessão tem natureza de contrato. Ela não é precária e não pode ser livremente revogada pelo poder concedente. Essa natureza de contrato tem a finalidade justamente de conferir ao concessionário segurança maior para o desempenho de suas atividades do que teria com uma permissão, esta, sim, precária.

Os erros das alternativas **b** e **c** consistem em que a encampação depende de lei autorizativa específica, mas a intervenção é imposta por decreto do poder concedente, sem necessidade de autorização judicial.

42. Gabarito: **b**

A concessão, regulada pela Lei nº 8.987/1995, é definida pela referida lei como

> a delegação de sua prestação (do serviço público), feita pelo poder concedente, mediante licitação, na modalidade de concorrência, à pessoa jurídica ou consórcio de empresas que demonstre capacidade para seu desempenho, por sua conta e risco e por prazo determinado.

Ao conceito legal, Di Pietro (2010, p. 294) acresce que tem natureza de contrato, não de mero ato, e assegura ao concessionário a remuneração mediante tarifa paga pelo usuário ou outra forma decorrente da exploração do serviço.

Ainda, a concessão não enseja a transferência da titularidade do serviço, que continua com o Poder Público, mas apenas de sua execução. Nessa linha, correta a alternativa **b**.

REFERÊNCIAS BIBILIOGRÁFICAS

BIZERRA, Vítor Manoel Sabino Xavier. *Direito Administrativo para provas e concursos* – Brasília: Alumnus, 2011.

BULOS, Uadi Lammêgo. *Curso de Direito Constitucional*. 5. ed. São Paulo: Saraiva, 2010.

CARVALHO FILHO, José dos Santos. *Manual de Direito Administrativo*. 25. ed. ver. ampl. e atual. São Paulo: Atlas, 2012.

______. *Manual de Direito Administrativo*. 19. ed. Rio de Janeiro, Editora Lumen Iuris, 2008.

CAVALCANTE FILHO, João Trindade. *Processo Legislativo Constitucional*. Bahia: Editora Juspodivm, 2012.

______. *Roteiro de Direito Constitucional*. 4. ed. Brasília> Editora Gran Cursos, 2011.

CUNHA JR., Dirley da. *Curso de Direito Administrativo*. Bahia: Editora Juspodivm, 2009.

DEZEN JÚNIOR, Gabriel. *Constituição Federal Esquematizada*. 2. ed. rev. ampl. e atual. - Brasília: Vestcon, 2011.

DI PIETRO, Maria Sylvia Zanella. *Direito Administrativo*. 23. ed. São Paulo: Atlas, 2010.

FURTADO, Lucas Rocha. *Curso de Direito Administrativo*. 3. ed.; rev., ampl. e atual. Belo Horizonte: Fórum, 2012.

GASPARINI, Diógenes. *Direito Administrativo*. 16. ed. atualizada por Fabrício Motta. São Paulo: Saraiva, 2011.

JUSTEN FILHO, Marçal. *Curso de Direito Administrativo*. 7. ed. rev. e atual. 1 reimp. Belo Horizonte, Fórum, 2011, p. 772.

MARINONI, Luis Guilherme. *Manual do Processo de Conhecimento: a tutela jurisdicional através do processo de conhecimento* / Luis Guilherme Marinoni, Sérgio Cruz Arenhart. 2. ed. rev., atual. e ampl. – São Paulo: Editora Revista dos Tribunais, 2003.

MAZZA, Alexandre. *Manual de Direito Administrativo.* São Paulo: Saraiva, 2011.

MEIRELLES, Hely Lopes. *Direito Administrativo Brasileiro.* 36. ed. São Paulo: Malheiros Editores, 2010.

MELLO, Celso Antônio Bandeira de. *Curso de Direito Administrativo*. 25 ed. São Paulo: Malheiros, 2008.

SARLET, Ingo Wolfgang. *Curso de Direito Constitucional*/ Ingo Wolfgang Sarlet, Luiz Guilherme Marinoni, Daniel Mitidiero. São Paulo: Editora Revista dos Tribunais, 2012.